Perseguido Político

Marcos Pérez Dávila

DEDICATORIA

Este libro va dedicado a todos los que día con día luchan para construir la democracia en donde nosotros y nuestros hijos puedan ser libres, este libro se dedica a todos los que aprecian las virtudes, principios y valores de la humanidad, a todos los que están dispuestos al dialogo antes que al conflicto, al entendimiento antes que a la censura.

CONTENIDO

AGRADECIMIENTOS

Me agradezco a mi mismo por no haber dejado de creer en Dios pese a la adversidad, por descubrir que para amar al prójimo hay que amarse también a uno mismo, pues no se puede dar lo que no se tiene, me agradezco a mi mismo por ser un guerrero pacifico, por ser civilizado ante tanta barbarie, por soportar tanto dolor tantas veces, por sentirme afortunado por haber tomado todas las decisiones que tomé, pues pese a todo, así logré encontrarme, gracias.

INTRODUCCIÓN

A veces uno puede llegar a escuchar o leer que el gobierno encabezado por AMLO y la autoproclamada 4T son intolerantes a la crítica, al pensamiento divergente y la pluralidad de ideas, que existen criticas que acusan a este gobierno de mentir un día sí y al otro también, todo con el fin de perpetuarse en el poder por los medios que sean necesarios, pues esta es la máxima maquiavélica de los que conciben a la política en su expresión más simple y primitiva: la política de la lucha por el poder, es decir, la política entendida como conflicto, en donde el político que destaca es aquel que vence a todos sus adversarios, haciendo uso de una serie de estrategias incluyendo a las que son ilegales, y tales actos no solo son injustos para la oposición si no que rompen por completo al sistema; en esta obra encontraras algunos argumentos críticos que apoyan que esas expresiones derogatorias de la 4T son ciertas, que el gobierno no ha dejado de perseguir a sus ciudadanos críticos que no hacen más que cumplir con el ciclo orgánico del modelo del sistema de David Easton y del proceso de las políticas públicas, brindándole al Estado la retroalimentación que necesita tal y como se espera en una democracia a través de la demanda social, es decir de la misma crítica la cual no es un derecho si no una obligación.

Esta es mi historia de cómo he vivido y experimentado como decían en la época de oro del PRI, "el peso del águila sobre mi persona", por haber sido activista y un actor político no en un contexto democrático como creía, si no en una arena política, en donde por causa de mi libertad de expresión y el cumplimiento de nuestro deber ciudadano que todos tenemos de participar en lo público, he sido perseguido y atormentado por huestes de personas impulsadas por el servilismo a un Estado demagógico en busca de sus dádivas, es la historia de cómo he sobrevivido a la 4T luchando día a día, y los hechos biográficos que acontecieron que me permitieron experimentar en carne propia situaciones que aun siguen siendo difíciles de asimilar para mi, un profesionista que pensaba que México es una República donde nadie está por encima de la ley, pero que para mi sorpresa no lo es, así como tampoco es una democracia, pues las elecciones por si solas no hacen a una democracia, aun que finalmente una democracia sin elecciones no pueda hacerse, son imprescindibles para ella los valores y principios democráticos, pues sin todos los elementos que acompañan a una democracia, esta no puede ser llamada democracia; por eso los científicos llaman a nuestro sistema político de muchas formas desde hace ya varios años como democracia defectuosa, kakistocracia, cleptocracia, plutocracia, oclocracia, oligarquía, demagogia, narcoestado, populismo etc. y tal como lo menciono, esto antecede al actual narcogobierno populista y demagógico de morena, pero con él y gracias a AMLO esto se recrudece y empeora de una manera como nunca antes se había visto, y no lo digo yo, lo dice su ex Presidente del Congreso de la Unión Porfirio Muñoz Ledo, del mismo partido, y por los hechos que por ello se implican.

Finalmente creo que es mi deber desarrollar esta obra a pesar de lo difícil que es revivir en cada capítulo todos esos sufrimientos; aún así lo hago para ayudar como ayudó en su momento el diario de Ana Frank, aun que yo sea muy diferente y lo cuente a mi manera; mientras que ella relató los horrores de esa locura colectiva que fue el holocausto para el pueblo Judío a manos de los Nazis, yo hago lo mismo en vísperas de los excesos de poder de la 4T, lo que se siente estar en el ojo del huracán y que te ataquen con todo lo que posiblemente pueden hacer en contra de una persona para destruirla, y lo cuento para que aprendamos de la historia, de lo contrario volverá a repetirse.

CAPÍTULO I
PROVOCANDO AL GIGANTE

Lo que he hecho de activismo político no ha sido algo muy grande en términos de movilización social porque lo he hecho yo solo, pero si me atreví cuando sucedió en su momento a demandar al Presidente Andrés Manuel López Obrador como titular de la Autoridad Responsable de un decreto del Poder Ejecutivo que causó mucha polémica durante su emisión, y que era uno que desde luego es improcedente ya que fue desechado por la Suprema Corte de Justicia de la Nación, el publicado el 22 de Noviembre del 2021 en el Diario Oficial de la Nación, el llamado "decretazo" que durante el tercer año de su gobierno marcó un hito de autoritarismo para este sexenio, invocando la Seguridad Nacional sobre toda obra de la Administración Pública Federal, hecho que realmente es un exceso injustificado y que causo conmoción en los medios y la opinión pública; sin embargo vi a mucha gente que se mostró indiferente, no dimensionaban lo que esta ocurriendo a México, pues ese día realmente había desaparecido ese México en el que todos crecimos y en su lugar un régimen autoritario había sido impuesto una vez más, de esos que siempre salen en los relatos de las peores tragedias, porque solo un verdadero traidor a la patria invoca la seguridad nacional sobre su propia gente de manera injustificada, sobre las relaciones obrero patronales del gobierno y sobre la sociedad civil en general, si la Ley de Seguridad Nacional establece muy claramente que su poder es invocado únicamente en contra de lo que amenace al Estado Mexicano según el Artículo 5 de dicha ley y sin perjuicio de los derechos humanos, solo amenazas a su pueblo y territorio valen para ello; de tal manera lo que había sucedido ese día es que un déspota desde su palacio había dejado muy en claro que su mismo pueblo le representa una amenaza, lo cual es una incongruencia, y no todo el pueblo cabe señalar, si no los que no piensan como él, por eso todos los días divide al país y condena a quienes se atreven a pensar diferente, les llama fifis, conservadores, liberales etc., es la receta para otro holocausto, para un genocidio, pues eso nos ha permitido conocer la historia, saber cómo son las etapas que anteceden a la tragedia, son la discriminación y el odio que día a día se alimentan desde su conferencia matutina, son esos discursos de polarización el combustible que encienden la llama de la violencia, así hicieron los nazis con los judíos.

Entonces fue así como decidí interponer un Amparo en un Juzgado de Distrito del Poder Judicial de la Federación a escasas semanas de haber sido publicado el infame decreto, y aun que el Amparo dejó en estupor al personal del juzgado, sabía que lo que estaba haciendo era algo más que atrevido, algunos incluso lo considerarían un acto suicida, pero yo no soy suicida, más bien aspiracionista, pero no en sentido despectivo; aún que de mi vida ya dedicare un capítulo más adelante para brindar contexto; sin embargo ahí estaba sintiéndome sin mucho que perder y con todo por ganar, sabiendo que lo que hacía era sumamente audaz, la idea me habría llegado de la inspiración de haber visto a mi antigua compañera de la Universidad llegar a ser la Gobernadora de mi Estado en Baja California; aún recuerdo que una de las primeras cosas que hizo Marina del Pilar Ávila Olmeda antes de entrar a la Política es asesorar a un grupo de estudiantes de la Facultad de Políticas donde se quedó a dar clases, la misma donde yo había estudiado con ella la Maestría en Administración Pública en la UABC; y asesoró a esos alumnos para que realizaran un plebiscito contra un alce de la tarifa del transporte público en el municipio de Mexicali, y esto fue así si no me equivoco, ya que lo deduje al saber que eran sus alumnos; además que nadie en el Estado tiene tanto conocimiento e influencias en el Derecho como ella, que viene de una familia de Abogados, su mamá da clases también en la UABC, y prácticamente escribió la interpretación de los derechos humanos en el Estado de Baja California, y claro, no se comentó en su momento nada sobre si realmente es ético utilizar su posición en una institución educativa de gobierno para desarrollar una plataforma política, porque al menos para mí, los instrumentos de democracia directa como el plebiscito son un acontecimiento sumamente raro en un sistema político con antecedentes autoritarios y que amenaza constantemente con regresar a serlo, para mi opinión fue una forma de aprovechar su posición para colocarse como un personaje político si o si en la escena pública.

Así pues entonces mi compañera Marina por así decirlo habría "dado un golpe sobre la mesa" antes de empezar su carrera política con esa movida también tan temeraria y disruptiva en la escena pública, y como dice el dicho "a la tierra que fueres, haz lo que vieres" pues tomé el ejemplo sin saber a ciencia cierta en la que me estaba metiendo, a diferencia de ella a través del Amparo que es mi derecho, sacaba cuentas mentales de que si a Marina le funcionó tan bien, yo a pesar de no ser de una familia acomodada tendría por lo menos la oportunidad de realizar mis sueños, y de manera legítima insisto, pues del Amparo es nuestro derecho, y mis aspiraciones en ese momento me hacían soñar en grande, pues ante el espejo tenia a un joven audaz que se estaba exponiendo así mismo para defender al pueblo, a su profesión y los colegas que ya trabajan en el Gobierno, de un decreto de un déspota gobernante que amenazaba con modificar radicalmente el estilo de vida que habíamos tenido hasta ese momento, quitándonos la paz, así como los avances que se habían logrado en materia democrática, porque no es cosa fácil que te echen encima al ejercito con semejante decreto, sobre todo con precedentes históricos como la matanza del Tlatelolco en 1968, ese mismo ejercito ahora está siendo obligado a inmiscuirse en la vida civil más que nunca y sin justificación valida, lo que puede ser una receta para el desastre, porque para eso está la seguridad pública civil, de policías, corporación que al mismo tiempo se le ve constantemente debilitada porque no depende directamente del ejecutivo federal, donde hay un gobernante autoritario.

No me imaginaba lo iluso que estaba siendo (por decírmelo a mí mismo de la manera más amable) pues las cosas no resultarían así al interceder por el pueblo, pues aun que sea muy obvio para mí, la gente no piensa como lo hace un politólogo, no saben lo peligroso que es esto de regresar al autoritarismo. No solo no me esperaban las porras y las felicitaciones que soñaba, o la recompensa por un acto en defensa del País, de su democracia, en su lugar me esperaba vivir ese "infierno" de la política actual en México, de ataques de todo tipo y sin cesar, sin tregua ni descanso, de ser odiado por personas que jamás he conocido o visto en mi vida, de que me cierren las puertas en la iniciativa privada y que no me quieran dar trabajo, de que se burlen de mi y me insulten cada vez que pueden, la gente a la que ni siquiera conozco, a la que no le he hecho ningún daño, de que violen mis derechos a una forma digna de vivir, de trabajar y de poder salir a la calle sin temer amenazas de muerte o atentados en contra de mi persona, de que me traicionen las personas que solían tener vínculos de amistad conmigo, y que magnifiquen mis errores con el fin de usarlos como pretextos para hacerme daño en una forma retorcida y desquiciada de karma desproporcionado.

Los meses que le siguieron al desarrollo del juicio revelarían numerosas violaciones al procedimiento de amparo, así como una dilación en el trámite del mismo y también simultáneamente un acoso brutal en la vida cotidiana fuera de los juzgados, pues se metieron a mi casa para hacer hostigamiento en una ocasión, aun que no se robaron nada me había preocupado mucho el incidente, dejaron un graffiti en el suelo nada más, pero temía que fuesen a meterse otra vez, en esa ocasión los perros no dejaban de ladrar y el tipo que se había metido brincando la barda decidió escapar por la casa del vecino que lo pilló dando unos gritos extremadamente fuertes, y fue entonces cuando decidí salir a perseguir al invasor sin poder alcanzarlo, pues desapareció entre las sombras de la noche mientras daba vuelta por la esquina corriendo a toda prisa cuando le perdí el rastro; debido a ello y para evitar futuros ataques de ese tipo, me dediqué a fortificar las bardas de mi casa con picos de metal que yo mismo coloqué para disuadir a los siguientes intentos de invasión, para frenar los ataques que se daban en todos los rubros de mi vida y de manera incesante, que quedaron bien documentados en las cámaras de vigilancia de mi domicilio; si bien la Suprema Corte de Justicia de la Nación terminó por declarar anticonstitucional el decreto del presidente como tribunal constitucional que es, realizó una exposición de motivos que tenía más que ver con las faltas al procedimiento legislativo y otros asuntos de forma y no de fondo, mientras que a diferencia de ellos yo siendo un ciudadano común argumenté el derecho humano a la paz como mi interés legítimo y jurídico, que es el asunto de fondo, que desde luego era mucho más grave para el presidente si se hubiese llegado hasta el momento de dictar una sentencia sobre ese acto reclamado; aun que el juez de distrito neutralizo mi amparo con diversas violaciones al procedimiento y el acoso me haría entrar en una crisis nerviosa por lo que me desistí del mismo, más tarde el déspota del palacio les mostraría su ingratitud con el desmantelamiento del poder judicial, la cancelación de sus fideicomisos públicos y con una campaña de deslegitimación constante.

A pesar de los muros fortificados con afiladas púas de metal, las cámaras de seguridad y a mis dos perros, uno que mi hermano había rescatado de la calle y la otra adoptada porque se la regalaron, que son incansables y leales escuderos de mi atormentado ser, vigilábamos constantemente mi casa, aún así pretendían formar una pinza de acoso que se cerraba sobre mí, esto nunca antes me había pasado antes de promover ese amparo en contra del presidente, por eso deducía que esa era su intención, de hacer política de una forma salvaje y antidemocrática, difundiendo rumores y calumnias de mi, destruyendo a mi persona, hostigando, haciéndome ver como un villano, mientras que ellos son los "santos" (autoproclamados claro), pues me han convertido en un marginado.

No puedo negar que he pasado días terribles, pero no me daré por vencido pues yo no estoy mal, no he cometido ningún crimen, al contrario, estoy del lado de la verdad, si este es mi destino final, de morir hostigado por exigir las prerrogativas del contrato social al que tengo derecho como todos ustedes, de luchar por la democracia y por la paz, entonces que así sea, seguramente la democracia, la humanidad entera, irán al sepulcro conmigo, le dejaremos este mundo a una manada de animales políticos que nunca comprendieron el concepto de civilidad, y que además no conforman toda la sociedad, pues aún hay más gente que quiere que la humanidad prospere y que se oponen al despotismo de morena; pero el término animal político no debe de ofenderles, era el nombre de la revista universitaria de una diputada de morena que estudio en la misma facultad que la gobernadora y que yo, y hoy es parte de su cónclave político local, es irónico que así efectivamente es como hacen política, no han perdido su estilo.

Así que mi historia es una de resistencia pacífica, a poderes mucho mayores que lo que un individuo solo puede superar, y creo que el transmitir mis ideas y mi historia es de gran importancia en una era en donde la locura colectiva una vez más amenaza con imponerse, durante estos sufrimientos también he aprendido de los ataques mismos, de los modos en los que operan los oscuros, los puntos vulnerables que intentan explotar, todo esto es información que creo que además de que puede ser una historia entretenida, es la revelación de muchas cosas que algunas personas que se dedican al acoso y el hostigamiento desearían mantener en secreto, por eso escribo esta historia, para empoderar a todas y todos esos individuos que son libres, que por causa de sus decisiones al querer defender la justicia o la verdad, tal vez sus propias creencias, son intimidados por la mayoría que se dobla ante la presión que ejercen los lideres corruptos, ya sea en la escuela, el trabajo o la iglesia, esto es para todos ellos y ellas, mis hermanos y hermanas libre pensantes, en donde quiera que se encuentren, les dedico esta historia para ustedes, para que por medio de la conciencia se fortalezcan.

CAPÍTULO II
MIS ORÍGENES

Yo nací y crecí en la ciudad de Mexicali, provengo de una familia que se dedica a la agricultura del trigo y el algodón, y como tal he sido influenciado por la vida del campo, mi espíritu libre se expandió en los grandes valles de siembra, y mi vocación por la política nació ahí mismo, siempre de niño, desde que mi papá me llevaba con él a trabajar, escuchaba las quejas de los campesinos acerca del gobierno, y les aseguro que no son quejas tímidas, desde muy temprana edad estaba acostumbrado a escuchar a la gente manifestar su inconformidad con groserías en contra del gobierno, y aun que por años y años escuche siempre la misma historia, lo que me sorprendía es que nadie realmente hiciera algo por solucionarlo a pesar de los grandes movimientos que han hecho a lo largo de la historia en Mexicali. Así que cuando llegó mi tiempo de estudiar la universidad me proponía a ser un ingeniero al igual que mi padre, pero no soporté la duda, los problemas sociales de México me intrigaban, tanto que temía que pudieran descarriarme de mi plan de ser ingeniero o peor aún ya siendo uno, como sucede con muchos ingenieros en la política, como Cuauhtémoc Cárdenas; así que decidí atacar frontalmente mis inquietudes y llegar al fondo de todos estos problemas sociales, para entender lo que sucedía que hacía que la gente le dedicara tanto tiempo y energía a estar platicando de política (o discutiendo), cuando realmente se podían estar haciendo cosas mejores, ya que la política aparentemente consume mucha energía y tiempo, y finalmente las cosas siguen sin resolverse, los conflictos continúan y la gente sigue así, de manera indefinida, dejando bien en claro lo inútiles que pueden llegar a ser nuestros representantes populares, si de todas formas hay que hacer las cosas nosotros mismos, necesitamos mejores políticos.

Así fue como decidí cambiarme a la escuela de políticas, y ahí es donde comenzó mi historia a tomar rumbo un poco convencional para la mayoría, pero a diferencia de ellos, es lo que pueden esperar los que deciden entrar a la esfera de lo público; de entrada me forme como un crítico del liberalismo y el neoliberalismo gracias a las enseñanzas de una maestra que siempre hablaba de la tercera vía, de no ser socialistas, pero tampoco ser completamente liberales, pues la voracidad del corporativismo estaba demostrando ser infinita, los sueldos de las personas eran muy bajos y la inflación constante iba haciendo que el costo de la vida se disparara, para algunos el poder mantener una familia de manera independiente era simplemente inaccesible, pues esa es la crítica al liberalismo, que ve al humanismo con desdén, y la violación a la premisa de la prevención de los monopolios también cada vez era más evidente. Con el tiempo me di cuenta que la forma de "adoptar" un modelo económico y político sobre otro es muy poco práctico, pues hay una cartera muy amplia de opciones, de creencias, de diversidad de paradigmas, que si es revisada se pueden observar las fallas que impiden adaptarlos a la realidad, algo que sucede con cualquier modelo teórico, es entonces donde uno finalmente comprende que la mejor estrategia es formarse un sistema a la medida, diseñándolo a partir de lo que se quiere lograr y las características propias del País del que se trate, utilizando las aportaciones disponibles de todos esos modelos, en este caso la carta de navegación que se sigue es la constitución, y el gobierno debe de conseguir cumplir lo que ahí se estipula, ni más ni menos, y así es como ha estado funcionando de hecho todo este tiempo hasta la actualidad el gobierno. Si antes el liberalismo era un componente dominante en el sistema es porque proviene de la idea de una economía de mercado mundial ó abierta, en donde las empresas que han crecido más allá del territorio y el número de consumidores que les brindaba su mercado local lo promueven, ya que así trascienden las fronteras para llegar a otros clientes por lo que convencen a los demás Estados para abrirse, y esto no es ningún mal, el estar bajo la influencia del capital extranjero, pues hay productos que mejoran la calidad vida, algunas empresas son como la luz de la era de la ilustración, que difícilmente se puede olvidar, así para estos una vez que ocurren sus servicios o se consumen sus productos, sus efectos son irrenunciables, sus beneficios imprescindibles; lo malo es cuando se corrompe el sistema, y se violan aquellos acuerdos que dieron origen a la sociedad, como el libre mercado que deja de ser libre con las prácticas monopólicas; como por ejemplo en el caso de la agricultura, en donde las diferencias entre un grupo de productores agrícolas y otro termina arruinando a unos, ya que las variaciones entre el costo de producción de unos y de otros, así como la cantidad de producto producido puede influir en el precio, por ejemplo el trigo en Estados Unidos cuesta menos para producirse, porque tienen mejor tecnología, menos intermediarios y se produce más cantidad, de tal manera que lo venden más barato que en México, y como se está en una economía de libre mercado las empresas que compran trigo en México se rigen por esos precios internacionales; sin embargo cometen un fraude a menudo, en primer lugar, utilizan el precio del mercado internacional para regatear, pero realmente no compran el producto al extranjero, solo lo consideran una posibilidad, si lo hicieran tendrían que agregar los costos de importación, transporte, carga, descarga, almacenamiento y disponibilidad, todos estos impedimentos agregan un sobrecosto al producto extranjero que no todo el tiempo es contemplado de manera adecuada para hacer una comparativa de precios con el producto nacional, simplemente "se especula con el precio", y se arroja una oferta al productor local utilizando el precio internacional como referencia sin el sobrecosto, llevándose así gran parte de la utilidad del productor mexicano, lo que ha provocado las manifestaciones campesinas en el valle de Mexicali una y otra vez; pero este es solo un ejemplo de cómo no se debe ser 100% neoliberal o liberal y por ello reducir la actividad del Estado, lo cual es entreguismo, pues sin la supervisión y actividad regulatoria del Estado que son muy importantes, se dan estas inequidades del mercado, que pueden ser detectadas por el gobierno y solucionadas por medio de reglas de operación, sin embargo por eso en México el gobierno es tan odiado aun que no se los digan a la cara, porque teniendo la facultad de imponer un orden no lo hace, se vuelve cómplice de algunos monopolios y termina lastimando a la población, misma para la cual existe y es su principal responsabilidad, y el ejemplo del trigo es solo un caso de los miles que debe haber en todas las ramas del comercio y la economía; a esta visión de un gobierno responsable que se adapta a las necesidades de su entorno yo lo llamaría la nueva gestión pública, que integra innovaciones como la visión gerencial en las instituciones y las nuevas técnicas administrativas como la implementación del valor público, compuesto de elementos de calidad, participación ciudadana y rendición de cuentas, que también se le apodó progresismo; sin embargo como el termino progresismo era más impactante y fácil de recordar, rápidamente fue difundido y después fue saboteado y utilizado por gente que no es para nada un ejemplo a seguir, como Nicolás Maduro ó el mismo AMLO, que lo utilizan solo para sonar bien, porque son populistas, pero realmente no llevan a la práctica el progresismo; sin embargo lo más triste del asunto es que muchas veces el gobierno no actúa porque realmente sea su intención ser corrupto, en esos casos es simple incompetencia, lo cual también es corrupción, pues el discurso triunfalista de esta administración todos los días encubre esta demagogia.

Y sobre el socialismo hace falta leer a Carl Marx con detenimiento para darse cuenta que es un fraude, que si bien tiene aportaciones interesantes, también una gran falla que se puede observar en su concepto de la lucha de clases, en donde se pinta al empresario como un villano que utiliza al comercio como arma, y estas clases que están enfrentadas son los proletarios y los burgueses, pero si nos damos cuenta que "Burgués" es solo una manera exótica de llamar a los de clase media, de donde provienen la mayoría de los empresarios, se hace evidente que los verdaderos responsables de la distribución de la riqueza son los tomadores de decisiones en el gobierno, los cuales son los nobles y la aristocracia, también conocidas como los ricos y los políticos, y estos no aparecen en la lucha de clases de los socialistas, lo cual a mi ver es un desatino mayúsculo para el socialismo, que en pocas palabras desvía la atención de los verdaderos responsables y ensancha la brecha de riqueza que existe entre ricos y pobres al perseguir a la clase media, eliminando así a los de la clase media ó burgueses. Tal vez la única manera de justificar al socialismo a mi ver es porque en su tiempo fue contrapeso del liberalismo que también era una filosofía con grandes defectos, como lo mencione, trataba a la gente como simples obreros y se olvidaba de que eran seres humanos, los veía como trabajadores desechables dignos de sobrevivir a cambio de trabajo, e iba tan lejos como para decir que las grandes mortandades ocasionadas por las pandemias o las guerras eran benéficas para mantener la explosión demográfica bajo control;

aún y con todo esto la gente sigue hoy en día diciendo de manera pública que se consideran Liberales o Neoliberales, o que son Socialistas o Comunistas, que es un sinónimo, esto en plena era de los derechos humanos es una gran contradicción que denota así mismo gran ignorancia, pues ambos sistemas son ensayos dignos de esfuerzos de hace 200 ó 300 años, pero hoy en día hace falta realmente estudiar para darse cuenta que hay mucho más que solo esas visiones obsoletas de esos sistemas políticos que finalmente no pueden hacer más que caer en la entropía.

Entonces así aprendí a ver lo que se esconde de tras del telón, a ver aquello que avergüenza a los gobernantes, y me volví indeseable para ellos, con enemigos tan poderosos no era extraño que terminase así de atacado, pero no siempre fui así, mientras estudiaba me interesaba más por las palabras que por las personas, pero era muy confiado, me gustaba tener amigos también, mi inicio en la universidad fue muy divertido, conocí a mucha gente y tuve una novia muy bonita con la que duré 3 años. Pero una cosa es conocer del acto y otra al actor, una cosa es saber de política y otra saber del político, una cosa es tener inteligencia y la otra inteligencia emocional, de saber de sociología ó psicología, y yo como todos, no nací siendo perfecto ni con súper poderes, tuve que aprender cómo es esto a lo que llaman vida, y lo hice, asumí los costos de aprender todas y cada una de esas lecciones de vida. La primera de ellas fue que en política la lucha comienza desde que sales por la puerta de tu casa, algo que yo ignoraba, pero un día en la escuela me invitaron a reuniones del PRI, en aquel tiempo solo pensaba en estudiar y tomar cerveza, no anticipe que desde entonces esta odisea ya había empezado, solo sabía que las fiestas del PRI eran buenas, pero en realidad me habían invitado solo por interés estratégico para tener a alguien que pudiera ser informante e interlocutor de ataques en contra de uno de mis compañeros de mi salón, porque resulta ser que el PRI juvenil se había propuesto atacar de a todas las facultades, a la mía, y a mi salón en particular, por un compañero del PAN juvenil con una simple candidatura de presidencia de sociedad de alumnos, y era raro porque quien organizaba era un egresado de la facultad de derecho, o sea que era un ataque a gran escala y desde afuera de mi facultad, que estaba empleando los recursos del PRI de manera focalizada, yo por desgracia quedé atrapado en el fuego cruzado, me vieron como un buen "tonto" a quien abordar, pero como al principio no sabía a lo que iba, pues accedí pensando en solo convivir, sin embargo ya que me di cuenta me pareció algo incorrecto, pues yo nunca accedí a tácticas sucias ni nada de esa índole, así que me salí, y le dije a mi compañero lo que tramaban en su contra, y desde ese entonces me gané de manera injustificada el repudio de mis compañeros del PRI, pero nunca sufrí ningún tipo de persecución por ese tema universitario como lo he sufrido hoy a manos de morena y la 4T; cabe destacar que los ataques que descubrí de ese entonces eran el sabotaje por medio de propiciar impugnaciones, de la competencia entre eventos intencional, la descalificación, ningún ataque que fuese incivilizado, pero en aquel tiempo mi ideal sobre la política era competir por medio de propuestas, no por medio de sabotajes, ni la aplicación facciosa de reglamentos; afortunadamente el PRI y el PAN ahora son aliados, y esas rivalidades son parte del pasado, aun que me parece más un juego de niños comparado con lo mucho que ha escalado esa forma tan brutal de amedrentar actores políticos y reporteros en la actualidad.

De tal forma un chico del campo como yo iba por la vida de error en error, sin darme cuenta de todas esas equivocaciones que estaba cometiendo y a las que me dirigía todavía, en ese entonces hasta se me había contagiado la afición por escuchar a Facundo Cabral, de lo cual me arrepiento muchísimo, por todas esas cosas que creí como verdades cuando realmente eran "milonga", pero bueno así es la vida, fui un tipo descuidado en un ambiente sumamente hostil, el resultado no es ninguna sorpresa, uno se debe de dar cuenta que en esta vida hay mucha gente que está dañada o que es mala por convicción, esto se manifiesta claramente en el quebrantamiento del sistema, en el quebrantamiento del imperio de la ley, es evidente, y es precisamente por haber sido presa de tantas malas influencias por lo que he sufrido, y si me arrepiento de no haberme dado cuenta de esto antes, para haberme evitado tantos sufrimientos, siento como si hubiese sido un ciego en una carrera de obstáculos, pero así fue mi licenciatura, sin saber que se requiere de muy poco para provocar que la gente que conocías te traicione, y caer en el ostracismo, algo que a los griegos les parecía repugnante, y en esto quiero decir que concuerdo con ellos completamente, sin embargo ya que estuve ahí solo puedo decir que del sufrimiento se aprende, que el dolor es un maestro implacable y un potente agente motivador que todos deseamos evitar a toda costa, y gracias a ello estoy mejor capacitado para sobrevivir en estos tiempos en donde la hostilidad es mucho mayor.

Entonces esta es la tendencia que siguen muchos de los ataques que podemos encontrar en nuestra sociedad, de los cuales se desarrollan con mayor detalle en los capítulos siguientes, para compartir estas ideas con los demás que las desconozcan, y así como yo, puedan mejorar sus defensas en contra de las hostilidades que se presentan hoy en día, y que todos tenemos que enfrentar, esperando elevar nuestras posibilidades de obtener el éxito; sin embargo si algo puedo compartir de mí, es la verdad, de que ha sido mucho el daño que han ocasionado tantas críticas que se quedan sin afirmaciones positivas, a veces pintamos un gobierno que efectivamente es imperfecto, pero no decimos que si tenemos alguna vez la oportunidad de llegar a trabajar en lo público, que nuestra misión más importante debe ser siempre conducirnos con integridad y honradez, en cambio mucha gente llega con la falsa idea de que por fin les tocará su turno de robar, y eso es un error total, tarde o temprano todos los que se equivocan de esa manera pagan las consecuencias, por eso le clarifico, lo mejor que usted puede hacer si es empleado de gobierno en algún momento, es acatar la ley, obedecer la ley, respetar la ley, y si la ley es producto de un mal trabajo legislativo entonces es nuestro deber criticarlo para que se solucione, usted y yo debemos siempre y en todo momento trabajar por ser mejores, nadie es perfecto, mejoremos día a día, si se puede.

CAPÍTULO III
INGENIERÍAS SOCIALES

Yo me empecé a familiarizar con las ingenierías sociales cuando trabajaba en un centro de llamadas y manejábamos cuentas bancarias de clientes, pues no todo el tiempo he trabajado en el gobierno; cuando en la política me fue mal porque encontré enemigos, no solo poderosos si no en un inmenso número, en esos momentos hice como dice el dicho "más vale perro vivo que león muerto" y yo tal cual, siempre escapaba para luchar otro día, entonces refugiado en la iniciativa privada en esos trabajos de atención al cliente llegue a conocer este término, que utilizamos para identificar a los ataques que se hacen para vulnerar las cuentas bancarias o acceder a información restringida, por medio de identidades, páginas y documentos falsos, en donde una o varias personas participan para engañar a un agente de servicio al cliente o al cliente mismo, este ataque puede tomar muchas formas diferentes, pero en general en lo que consiste es en el montaje, de todo lo falso por medio del robo de información con lo cual se pueda engañar al objetivo seleccionado, y ese era básicamente a grandes rasgos la capacitación que recibíamos habitualmente frente a ataques de ingenierías sociales, nos presentaban ejercicios básicos para identificar páginas de internet falsas diseñadas para robar información y escenarios de opción múltiple para responder en cada caso.

Lo interesante fue cuando me di cuenta que este término le quedaba a la perfección al ataque que realizan ciertos grupos dentro de la política, pues mucho se ha hablado públicamente sobre el espionaje que el gobierno de México realiza a ciudadanos y en especial a los que se involucran activamente en temas sociales, ya sea como activistas sociales, reporteros ó líderes de opinión, ó cualquier persona que les plazca, de manera que no solo corremos peligro con amenazas e intimidación francamente ilegal y barbárica, además las herramientas de mayor sofisticación tecnológica también son empleadas en nuestra contra, un ejemplo real es el software de espionaje "pegasus" del que se ha cuestionado públicamente en numerosas ocasiones si está siendo utilizado por el gobierno de México en contra de sus ciudadanos, pero como la autoridad es quien comete estos crímenes, quedan en la impunidad sin poder ser resueltos, pues no hay quien revise a la autoridad en México, al contrario, los organismos autónomos jamás habían sido tan atacados en México, estamos viviendo una distopía y una simulación, y la información que se obtiene sobre muchos de nosotros alimenta los ataques de ingeniería social en nuestra contra, junto con lo que pueden obtener por medios convencionales al hacer que personas cercanas a los sujetos del ataque brinden también aportes de información para formar el montaje.

Es en objetivos individuales donde su verdadero peligro y complejidad sale a relucir, puesto que una persona puede ser señalada como blanco del ataque, y a menudo quienes realizan este tipo de ataques se dedican a mantener bajo vigilancia a la persona por todos los medios antes señalados, para obtener su información personal, de trabajo, sus gustos, que lugares frecuenta, que tipos de productos compra etc. Con toda esta información la persona se vuelve más fácil de atacar puesto que los atacantes eligen los momentos de mayor vulnerabilidad ó distracción, en algunos casos eligen a un vínculo más débil al cual atacar para generar daño ó algo comprometedor para chantajear, ó el momento ideal para colocar venenos y la vía por la cual hacerlos llegar, la opciones pueden ser muchas, pero el objetivo finalmente no ha cambiado, es vencer a los adversarios que pueden llegar a desestabilizar al poder sin la necesidad de hacerlo por medio de la competencia electoral y de la opinión pública ó por la vía legítima, de desmantelar el sistema de contrapesos políticos por medio de la "neutralización" de sus oponentes, al ocasionarles daño que sea sumamente difícil de probar y perseguir en el sistema judicial, y de esta forma las elites buscan perpetuarse en el poder y hacer de las elecciones un mero trámite y simulación de un proceso democrático que les permita permanecer en control del sistema.

A mí en lo particular me ocurre que utilizan mi información para la intimidación, salir a la calle, visitar establecimientos como lo hacemos todos regularmente y toparme con gente desconocida que se muestra agresiva sin motivo ó que hacen comentarios inapropiados e innecesarios, sin que uno les dirija la palabra, muchas veces solo con el propósito de hacerlos coincidir con temas extraídos del contenido de las búsquedas que hago en internet, el contenido de mis platicas en aplicaciones de mensajería ó en redes sociales, también de acontecimientos por los que esté pasando, el objetivo según lo que entiendo, es que quieren intentar intimidarme mediante la insinuación de que me están observando, de que el poder de la mafia del poder, o lo que ahora podríamos llamar la red AMLO, es casi omnisciente y omnipresente, es como demostrar un despliegue de poder para infundir miedo esperando que con eso uno deje de hacer todo lo que les representa oposición, y para conseguir la atrición de sus adversarios y ocasionarles ese desgaste continuo, tal vez hasta la muerte, pues cuando el gobierno es usado como arma y es evidente la violación al derecho, se sufre mucho como víctima; también me han ocurrido las negligencias médicas de instituciones públicas, que tampoco son un hecho inédito, es por eso que digo que esto cada vez más es una distopía para algunos de nosotros, porque me da la impresión por lo que veo en las calles y en mucha gente, que los apoyos de gobierno muy probablemente se condicionan a cambio de integrar esta red AMLO, de cientos de miles de personas que se lanzan al ataque de quien les ordenen, ó como es en mi caso, me han producido un ostracismo, por todo lo negativo que esto implica, en mi circulo social he dejado de interactuar en su mayoría con casi todas las personas, y solo puedo suponer que lo que ha ahuyentado y en algunos casos vuelto en mi contra a muchos conocidos y amigos, es esta ominosa persecución de la cual nadie quisiera estar del lado del perseguido, que es un fenómeno no menos raro y preocupante que una negligencia médica por ejemplo, ó que de un acto de corrupción, ya hasta le llaman a esta sociedad "la sociedad de la cancelación" por su excesivo uso del ostracismo, o como tal vez lo llamábamos en la primaria, la "ley del hielo", pues esa es la estatura mental de la 4T, de una total inmadurez.

Otro de los elementos es la cuestión financiera, este hostigamiento no se limita a los entornos de los lugares públicos, también incide en áreas de trabajo en empresas privadas, pues este ostracismo del que hablo no solo tiene como objetivo provocar el aislamiento de la persona a quien se ataque, también busca herir su situación económica, por lo que en los trabajos en los que he estado el hostigamiento y el acoso son cuestiones también siempre presentes, a veces de manera sutil, otras de manera explícita, la gente es constantemente incitada a atacar a los objetivos que se ha fijado la mafia del poder para destruir, con esto desacredita y pretende dejar inutilizados a sus adversarios, a través de la atrición, incluso cuando he tenido la oportunidad de hablar con las personas que saben que están realizando este ataque en contra de mi persona, he tratado de hacerles ver que nada justifica la violación a mis derechos, y lo que he atestiguado es que entre ellos se reafirman, se insisten, unas personas tienen más claro la ambición política y coaccionan a otras, y le ofrecen razones falsas a la gente y los convencen aún con mentiras para creer que ser un hostigador de personas como yo es lo correcto, que si lo hacen la justicia los respalda, y no hay mayor burla para la justicia que esto, es la tragedia de la sociedad mexicana envilecida; pero lo que si pueden comprobar es que sus actos de hostigamiento y acoso quedan impunes, pues se suman al efecto los líderes de las empresas, como ya me ha sucedido y narraré en otro capítulo, pero siempre que el gobierno dirija los ataques le representa un fuerte incentivo a la gente para cometerlos si ó si, y esto es a todas luces un crimen funesto.

Para ayudar a protegerse del daño producido por los ataques de ingenierías sociales se debe asumir algo que no siempre es fácil de aceptar, y es que pensar que uno es víctima de una persecución política y/o ingeniería social es un asunto que desafía la lógica, es difícil de probar, y sobre todo de comprender, es un ataque tan utilizado por lo mismo, es una presión ejercida muchas veces sobre personas que no todo el tiempo son capaces de lidiar con él y sucumben ante sus efectos; lo primero es reconocer que uno puede estar siendo el objetivo de un ataque de ingeniería social y/o persecución política y restringir las salidas a lugares públicos al mínimo, solo cuestiones esenciales y segundo uno se debe enfocar en elevar la seguridad en todos los aspectos, desde dejar de utilizar aplicaciones de citas, cambiar contraseñas ó establecerlas si no estaban activas, puede haber gente que aun utilice redes inalámbricas sin contraseña y esto es simplemente inaceptable.

Otro punto es el tipo de teléfono inteligente que uno use, ningún teléfono es inmune ante los ataques, incluso iPhone es vulnerable, usted puede recibir mensajes que le pregunten si quiere adelantar saldo o algún otro tema que aparente ser inofensivo, pero en realidad es un elemento que permite que el "spyware" adquiera mayor acceso a los archivos de su teléfono, inclusive este tema es motivo de debate en donde algunos expertos creen que los dispositivos electrónicos se "hackean" desde vulnerabilidades del diseño, cuando el atacante es experto ni siquiera necesita engañarlo para que seleccione una opción en el teléfono, lo hacen a fondo y sin que nos demos cuenta, por eso es importante realizar las actualizaciones de los sistemas operativos que normalmente solucionan estas vulnerabilidades, sin embargo como existe una demanda constante de servicios de espionaje, los hackers siempre tendrán el incentivo de buscar nuevas vulnerabilidades.

Mi recomendación es investigar cada aplicación que usted instala en su teléfono, o si es posible tener un teléfono seguro y otro para trabajo, porque muchas veces la forma más fácil de acceder a su teléfono si el atacante no es tan capaz, es de hacer que usted mismo le de acceso mediante una aplicación que tal vez alguien le recomendó que era muy buena, pero si usted no investiga al menos en internet sobre la aplicación podría estar descargando una aplicación con elementos espía integrados en ella, y esto es más que posible, puesto incluso aun que no fue intencional según su creador, facebook tuvo una gran filtración de información y fue motivo de mucha controversia hace algunos años, por mencionar un ejemplo notable.

Y finalmente mantenga la calma, la efectividad de muchos de estos ataques dependen de que puedan generar una grieta en su mente, una preocupación constante, que pueda transformarse en un colapso mental más adelante, recuerde que esto es una lucha de desgaste, de atrición, de inteligencia, si usted se mantiene firme y es capaz de estar en calma mientras soporta todo esto aun que ya esté sufriendo, al igual que la tormenta el ataque eventualmente pasará, y entonces podrá rehacer su vida siendo más precavido, recuerde que ellos no pueden hacerle daño si usted no se los permite, no se ponga en situaciones vulnerables a menos de que esté preparado para lidiar con ese riesgo.

CAPÍTULO IV
CINISMO INSTITUCIONAL

Otro de los ataques que me gustaría incluir es uno que titulo como el "cinismo institucional" que al parecer está muy presente en las mentes de los gobernantes y no podría saber si se trata de un trastorno relacionado con el ejercicio del poder, ó si realmente lo hacen de manera intencional, pero por ejemplo, yo recuerdo con mucha pena el día que el presidente de la república en su conferencia matutina hizo el anuncio de la destitución de un personaje de su gabinete, era una mujer de la cual no mencionaré su nombre por respeto, sin embargo habló de ella sin que estuviera presente para que ella pudiera hacer valer su derecho de réplica y, por si eso no fuera poco, prosiguió a burlarse de la situación pidiendo que pusieran una canción de un grupo que se llama calle 13, en donde la letra hacía referencia a que se podía vencer a los demás adversarios hablando, pero obviamente de una manera despectiva, pues era una canción del genero del rap, en donde dentro de la cultura del rap se dan las batallas de rimas entre cantantes, lo cual es muy habitual, y aun que esto dentro de la expresión artística no tiene ninguna connotación necesariamente mala, el usarla en un contexto oficial y en un foro de difusión nacional solo para agredir a otra persona no solo es vulgar, es irresponsable, yo lo consideraría una ofensa a los símbolos patrios. Pero este es solo un ejemplo de esta tendencia cínica que puede ser vista en los gobernantes cada vez más seguido en México, este no ha sido el único suceso vergonzoso pues han sido tantos que tendría que dedicarle un libro entero para hablar de todos ellos, así que solo este ejemplo basta para hablar de un suceso parecido que a mí me sucedió que yo consideraría un cinismo de parte de mi gobernante en mi Estado.

Cuando yo me decidí demandar al presidente fue también porque me considero un activista, pues ese no fue el único tema de activismo que estaba desarrollando en ese momento o que haya realizado, de hecho comencé a practicar el amparo constitucional puesto que tuve un problema laboral, lo cual no es extraño en México, es importante mencionar que el mismo Ministro Arturo Zaldívar Lelo de Larrea se la pasó pidiendo 3 mil millones de pesos durante el 2020 y el 2021 para la mejora del sistema de justicia laboral que le fueron negados; sin embargo en México no es extraño que se den practicas que normalizan la violación de derechos laborales y en mi caso yo frecuentemente soy discriminado por ser profesionista y trabajar puestos de bajo nivel, les parece extraño, no se dan cuenta que al ser siempre un crítico y libre pensador en un país tan involucionado en temas de respeto de la libertad de expresión y de la no discriminación, pues sucede, aun que no era algo que pudiera compararse a la persecución política que viví después, me encontraba promoviendo un amparo por un juicio laboral en contra de una empresa para la que trabaje que me trató mal, pero el asunto cayó en dilación procesal y así terminé en el amparo, y como me dispuse a litigar el amparo yo mismo tal como lo es nuestro derecho, ya estaba en los tribunales desde el 2019 litigando mi propio caso cuando en ese momento y ya estando ahí, decidí interponer otro amparo para resolver un caso de un centro deportivo de mi comunidad el cual varios vecinos hemos tratado de rehabilitar varias veces, pero que debido a que unas personas se lo quieren adjudicar (robar) para su beneficio, puesto que es una donación a la colonia que fue registrada como Asociación Civil, el asunto era complicado pues si hay inversiones privadas también, hechas sobre una donación, y el gobierno no se ha metido en el asunto que yo sepa, tal vez son trabajadores del mismo gobierno los que perpetran el crimen; sin embargo había la forma de substanciar una afectación a la comunidad pues el lugar goza de registro activo como centro deportivo, está abandonado y el gobierno tiene una obligación constitucional de la promoción del deporte, lo cual de acuerdo a sus obligaciones si supervisara como es debido ya lo hubiese detectado y arreglado para que funcione, además que la situación de abandono había ocasionado otros problemas de vandalismo, robo a casa habitación y de ser usado como un lugar para drogarse por parte de gente en situación de calle, además de que se incendió también, pero no hacen nada porque el plan de las personas que se quedaron con el lugar es venderlo y repartirse el dinero, e insisto que aun que si hay inversiones de capital privado, la donación fue hecha para la comunidad, para el fomento del deporte y la cultura, no para que terminara en los bolsillos de gente corrupta y mezquina.

Así que como activista he tratado de rehabilitar este centro deportivo de mi comunidad, lo hice por medio del amparo constitucional, pero fue muy triste el día que desecharon el caso en los tribunales después de agotar todos los recursos, fueron meses de lucha y de realizar mucho trabajo sin ninguna remuneración, entonces en mi depresión le pedí ayuda a la gobernadora Marina del Pilar, finalmente era mi compañera de la escuela y era momento de tocar esa puerta porque la lucha ya se había hecho, faltaba ir más allá, pero lo cínico de ella fue que no solo se negó a ayudar a recuperar el deporte en la colonia de un compañero, ella fue a trabajar en centros del mismo tipo y a anunciarlo en ese mismo lapso de tiempo, como para dejar en claro que si le interesan los centros de ese tipo, nomas no nos quiso ayudar a nosotros, lo que a mí me parece una forma de evaluar el carácter de mi gobernante y su calidad moral, que es una persona hipócrita que se la pasa hablando de valores de los cuales realmente no tiene, es una académica que se vendió con tal de conseguir poder, su gobierno se caracteriza por la egolatría y la mediocridad, se glorifican entre ellos y al mismo tiempo desvían la mirada de muchos de los problemas que suceden en la población, es realmente repugnante como personas como esas se sirven del poder mientras todos los días le dicen al pueblo que están con ellos, pues a mí me consta como pueblo que no.

CAPÍTULO V
OSTRACISMO EL REPUGNANTE

Hay muchas personas que todavía no entienden lo devastador que puede llegar a ser el ostracismo ó cultura de la cancelación, recordemos por un momento como en los reinos de la antigüedad los reyes juzgaban al pueblo, había entre ellos reyes que eran justos y reyes que no lo eran, la revolución francesa alimentada por las ideas de Voltaire y Robespierre son un ejemplo de ello, de cuando el pueblo no tolera más a los tiranos; pero qué es lo que pasa cuando ya han pasado cientos de años y los sistemas políticos han evolucionado? A quienes se les puede culpar en la Democracia? Especialmente cuando hay gobernantes especialistas en presentar excusas echándole la culpa a los de antes y confundiendo al pueblo; así mismo los reyes de hoy en día han evolucionado para delegar las funciones del gobierno en presidentes o primer ministros, quedando ellos mismo convertidos en reliquias del pasado, como símbolos vivos, pero al mismo tiempo consolidan una forma de supervivencia mucho más exitosa que de cuando concentraban toda la responsabilidad del poder como jefes de estado y de gobierno, pero sin que se confunda el hecho de que aún siguen conservando el poder aun que hayan delegado una parte de ese poder al permitir que otros gobiernen, pero todo como parte de un sistema que les permite traspasar efectiva y verdaderamente la carga de la rendición de cuentas, evadiendo honestamente el costo político.

La democracia por otro lado entonces supone ser el gobierno del pueblo, en donde se elijen a los representantes cada 6 años, tratándose del caso de México, y aun que hayan ocurrido la aparición de malos gobiernos como sucedió con el presidente Gustavo Díaz Ordaz, quien fue el comandante supremo de ejército durante la matanza del Tlatelolco durante su administración en 1968, y que a pesar de ello y de haber utilizado al ejercito en contra de su propio pueblo, el presidente Díaz Ordaz no enfrento nunca una condena formal por este crimen de lesa humanidad hasta su muerte en 1979; sin embargo este caso no es tan difícil de comprender, se sabe de quienes son los responsables, y se conoce la impunidad en la que opera el gobierno de México, a pesar de que se diga todas las mañanas que la impunidad ya se acabó en México, todavía falta ver como las desgracias que han ocurrido durante este sexenio de AMLO quedan sin resolverse, tales como la explosión de Tlahuelilpan donde murieron más de 100 ó el incendio del centro de migrantes en Ciudad Juárez que cobro la vida de más de 40, en cualquier caso la ineptitud no debe ser recompensada, mucho menos cuando cobra vidas humanas, sin embargo los servidores públicos se dan la gran vida mientras ofrecen estos resultados tan deplorables, y sus huestes alaban al presidente haciendo a un lado estos trágicos eventos, solo por el hecho de que, lo que pretenden construir es un régimen autoritario, que reescribe la historia, que redefine lo que está bien ó lo que está mal, es así como se apuestan con todo por el despotismo desenfrenado al cual gobernantes irresponsables como Marina del Pilar se adhieren, porque lo prefieren empoderar sin conciencia ni remordimiento de lo que pudiera pasar otorgándole cheques en blanco, alabándole todo el tiempo e incondicionalmente, sin admitir que el rey está desnudo, por eso en la elecciones se juegan el todo por el todo, y así se forma una necesidad desesperada por acallar a sus críticos y evadir la responsabilidad del ejercicio del poder público, en un sistema que no ha ingeniado aún la manera de evadir el costo político de gobernar, su último recurso es el exceso, la monstruosidad y el autoritarismo, y nada mejor que el ostracismo para destruir a las personas dentro de un contrato social.

Si bien la forma de "justicia oficial" no se cumple como regla general en la mayoría de los casos en México, para mí el ostracismo que sí ocurre es una forma de sentencia que el pueblo directamente aplica sobre individuos que pueden ser culpables de algún hecho criminal o no, el caso más claro y contundente es el caso de los numerosos linchamientos de personas que ha habido en la sociedad mexicana, incluso se sabe de linchamientos de personas inocentes que fueron confundidas por culpables, o que fueron acusados injustamente. En un país en donde la justicia es usada en base a intereses ó de manera facciosa como lo hizo un Fiscal General de la República para saldar venganzas personales en contra de su propia familia, y aún tratándose de mujeres mayores de edad, la justicia es un tema que le queda a deber mucho a la sociedad mexicana, pero la sociedad mexicana también manifiesta un gran problema de injusticias en su proceder, como los malos reyes de antaño, se precipitan a condenar a otras personas sin debidos juicios, sin nada que pueda dar indicios de que este fenómeno que se observa pertenece a una sociedad civilizada, en cambio es una sociedad barbárica que desprecia a las instituciones, una sociedad corrupta que produce gobernantes corruptos y es comparsa de ellos, pues yo no me lo explico de otra manera, el ostracismo pretende crear el preámbulo del linchamiento, la sentencia la conforman los chismes y las versiones populares de los hechos, en donde se persiguen incluso crímenes inventados por parte de la gente a la que le conviene utilizar la vileza del pueblo en contra de sus opositores políticos para mantener el poder, esta es la verdadera naturaleza del ostracismo, de ser una forma repulsiva de proceder que realmente fue desterrada de otras culturas que si son civilizadas, esto no ocurre en países desarrollados, pues existen instituciones que evitan que la gente se haga justicia por su propia mano; en México también está prohibido hacerse justicia por su propia mano, pero al parecer cuando se trata de llevar el dicho al hecho, se están dando continuamente casos en donde esta ley falla una y otra vez, y yo soy testigo de que el ostracismo pretende acabar con la vida de las personas, el pueblo en realidad es una masa de gente llena de rencor, capaces de desatar su odio y sus bajas pasiones a cambio del sadismo vicario que les caracteriza, esto sin duda es una burla de la justicia, es distopía, esto porque aun que los que fomentan el ostracismo sean solo una parte, la otra se muestra indiferente, lo cual sabemos que también es un tipo de violencia en contra de las víctimas de la injusticia, somos pocos realmente los que conocemos la verdadera naturaleza de la cultura de la cancelación y la criticamos por eso, pero son críticas que se ahogan en ese mar de indiferencia. Tal vez el día de mañana ustedes mismos se vean envueltos en una más de las prevaricaciones del pueblo, entonces si tal vez consideren en ese momento la ruindad del ostracismo, que es tan recurrido como la herramienta predilecta de los déspotas para acallar a sus críticos y así romper el sistema.

Cuando yo pienso en mi situación me doy cuenta que la única razón por la que he terminado de la manera en la que lo he hecho siendo víctima del ostracismo, es por ser un opositor de este gobierno y un crítico honesto durante toda mi vida, pues antes de volverme un activista vivía en el anonimato, y aún que no me quieran dar publicidad en los medios, en realidad soy una leyenda urbana, tengo suerte si después de meses sin salir de mi casa la gente no me reconoce, evito eventos públicos, lugares donde haya muchas personas, es en realidad una vida llena de sufrimiento y soledad, solo por el simple hecho de haber expresado ideas contrarias a lo que una elite dominante quiere, esto sin lugar a dudas es un crimen, y si esto continua habrán dejado que la maldad gane, y esto es en contra de su propio bienestar, sentando las bases para el colapso venidero de la sociedad, porque lo que mantiene a una sociedad unida es el orden, el respeto del contrato social, sin ello la sociedad no existe, porque así como juzgaron a sus conciudadanos y los sometieron al ostracismo de manera injusta, así mismo serán juzgados, por la incapacidad de lograr vivir en un mundo que exige civilidad, por vivir violando al imperio de la ley, una sociedad así está condenada al fracaso, se la pasan silenciando a las voces del pensamiento como sucedió en tiempos de Galileo, solo por ver las cosas de una manera diferente; los malos gobiernos producen caravanas de refugiados migrantes pidiendo asilo, peregrinaciones enteras cuyas imágenes le dan vuelta al mundo, sin saber que con cada imagen, con cada hecho de salvajismo, le están manifestando al mundo que en Latinoamérica viven los enemigos de la humanidad, y que sus ciudadanos huyen a Estados Unidos en busca de una vida mejor, no se dan cuenta que están sentando las bases para los conflictos del futuro, pues todas estas injusticias no pasan inadvertidas para el resto del mundo, nos pintan como una sociedad terrible, porque Sartori decía en su libro del hommo videns que "la imagen es percepción, y la percepción es realidad" y México a menudo es considerado similar a un territorio en guerra, pues esas imágenes de salvajismo escapan diariamente del país de la indiferencia y se cuelan en el imaginario colectivo del mundo, delatando al México inhumano; simplemente el líder supremo del autoproclamado movimiento de regeneración nacional se lleva severos adjetivos en el extranjero como miserable y sinvergüenza, pero hace falta no querer ver la realidad para no darse cuenta de lo que está pasando, y tal vez yo no lo consideraría cierto, si no fuese yo testigo en carne propia de la violación sistemática de los derechos humanos y de la persecución política que he vivido por un gobierno que ha previsto que esto mismo suceda.

CAPÍTULO VI
ATAQUES ESOTÉRICOS

Si hay algo que intimida a la sociedad para obligarlos a ser comparsa del régimen es la gran variedad de ataques diferentes que reciben los que de alguna manera nos atrevemos a pensar libremente, como los ataques esotéricos ó común mente llamados brujería, malas vibras etc. a los que durante mucho tiempo me mantuve escéptico, pero no fue sino hasta que realmente me volví un perseguido político que empecé a notar eventos sumamente extraños cuando yo atraía la atención de todo tipo de gente, y se centraban sobre mi solo para atacarme, fueron días en los que efectivamente fui sorprendido por una faceta de la sociedad y la cultura que desconocía por completo; sin embargo no se pueden recibir multitud de ataques sin aprender nada de ellos, y tampoco se pueden tolerar sin buscar desesperadamente la solución a esos embates que definitivamente no pasan desapercibidos.

Se que al igual que yo, seguramente habrá muchos lectores escépticos y es comprensible, por eso quiero hacer esta consideración antes de entrar de lleno en el tema y declarar que soy científico de formación, que lo que manifestaré en este capítulo se puede considerar un trabajo exploratorio, en donde no he podido llegar a una hipótesis en concreto, simplemente puedo narrar mis experiencias de lo ocurrido como datos que puedan tal vez ayudar a señalar la dirección correcta para continuar investigando y que con estas ciertas observaciones abrir temas de estudio, y de esta forma tal vez después si llegase a contar con los recursos suficientes y con el apoyo de la comunidad lectora, si es que es bien recibida esta primera entrega, entonces pueda ir más a fondo y realizar entrevistas ó adquirir algo de equipo científico para hacer pruebas y experimentos.

Con lo antes dicho narraré lo que me aconteció un día, tiempo después de que había pasado lo de la demanda del presidente y en medio de la ola de ataques, me encontraba en mi casa, estaba cocinando un guiso de carne con tomate, estaba frente a la estufa añadiendo los ingredientes a la hoya cuando de repente escuche ladrar a los perros, y pues quien no se puede volver aun que sea un poco paranoico después de ventanas rotas, numerosas pedradas (tan grandes que podrían matar a alguien), una invasión a mi propiedad, amenazas de muerte y gente con mala pinta por todos lados?, fue entonces cuando deje el guiso y me apuré a salir de mi casa, la cual tiene un cerco perimetral y gracias a ello la proximidad que se crea entre los peatones y yo no es tanta como para no querer ni asomarme, y en el caso de que fuera un ataque sorpresa siempre me he mentalizado en arrojarme al suelo como lo hacen en las películas de acción; sin embargo en esa ocasión solo era una señora pasando por la acera de enfrente, y por lo general los perros hacen bien en ladrar si o si, con quien sea que esté pasando, para mí son como un detector de movimiento de carne y hueso muy confiable, aun que no son perfectos; entonces mientras esta señora pasaba eche un vistazo y regresé a la cocina, pero esta vez había algo diferente en mi pues sentía que me sobrevenía una inmensa incomodidad que no podía quitarme de encima, me sentía como si estuviese envuelto en llamas, no sentía miedo ni dolor, pues realmente no había sucedido nada fuera de lo ordinario ni me había percatado de haber recibido ningún daño visible, era solo la incomodidad que persistía al grado de comenzar a generar en mi un ataque de ansiedad que no me dejó seguir cocinando hasta que se me pasó, ese día, sospeché que la señora que pasó pudo haber tenido algo que ver con ese extraño fenómeno que experimente, sin embargo al no tener evidencias ni pistas, no pude hacer más que soportar y seguir adelante de la manera en la que pude hasta que una vez recuperado continué con mi comida; durante este tiempo el ambiente hostil se mantuvo y pasé días de aflicción y de supervivencia, pensaba que al final, lo que habían elegido para mi es ser acabado por la estrategia de atrición a manos de las huestes de la 4T, porque he vivido encerrado, atrincherado, para evitar ser presa fácil de cualquiera en la calle, pero aquí desde el encierro y la miseria a veces la escasez de dinero me ha obligado como a todos a salir e ir en busca de trabajo, pues siendo una persona congruente sufro de mucha vergüenza cuando se me acaba el dinero y debo depender de mi madre a mis casi 40 años, aun que tengamos una relación de apoyo mutuo en donde yo para aportar hago muchas cosas para ayudarla a mantener el hogar, que de lo contrario le costarían mucho dinero, aun que eso a mí no me permite tener el ingreso necesario como para seguir adelante haciendo mi vida como lo hacía normalmente antes de que todo esto pasara, eso solo mantiene a mi madre sin reclamarme por ser un profesionista fracasado económicamente y dependiente de ella aún a estas alturas de la vida.

Así que armándome de valor salí a navegar ese mar de hostilidad para conseguir empleo, afortunadamente encontré trabajo rápido en un centro de llamadas, pero no anticipaba lo que iría descubriendo gracias a las vivencias que estaba experimentando durante esos días de persecución política y de acoso constante. Ya en el trabajo me propuse ser la mejor versión de mi mismo, a fin de cuentas he aprendido mucho y se trabajar manteniendo actitudes de humildad y servicio, me sentía aliviado de poder volver a tener un sentido de normalidad y regresar a la rutina del trabajo, durante los primeros días todo era normal, siempre llegaba temprano y con abundante café, no anticipaba que la 4T tiene a fanáticos amantes del atole en todos lados, y ese trabajo no sería la excepción, pues harían que mi felicidad de regresar al trabajo no durara mucho.

Por lo general en los centros de llamadas hay que pasar por entrenamientos y certificaciones para comenzar a brindar la atención a los clientes, durante los días finales de la capacitación un compañero que se suponía que era asistente de la capacitadora se le veía particularmente incomodo con mi presencia, hasta el punto en que comenzó a hablarme de manera grosera, el tipo era un méxico-americano deportado desde hace ya unos años por infracciones con la justicia en Estados Unidos y él lo contaba abiertamente, aquí en México se ganaba la vida trabajando para este tipo de empresas en donde ahora yo, un perseguido político, era su nuevo compañero, y parecía que algo le molestaba, sin embargo yo ya habiendo vivido muchos días de hostilidad, lo tomé como algo menor pues ya estaba acostumbrado y pensé en aplicarle los recursos que la compañía tiene para resolver conflictos laborales en el caso de si algún día llegase a tener un problema con él, mientras tanto le dirigía la palabra lo menos posible a pesar de que mi cubículo estaba al lado del suyo.

Uno de esos días en el trabajo me percaté de que este compañero de mal genio y grosero estaba particularmente serio, lo cual agradecí en mi interior puesto que no tenía que soportar más platicas molestas, yo era un devoto del silencio a pesar de siempre haber sido una persona con un amplio léxico y tema de conversación; sin embargo este sujeto durante esos minutos de seriedad comenzó a parecerme más estresante de lo habitual, mientras miraba el monitor de mi computadora, cada vez que mi vista alcanzaba el extremo de la pantalla que provocaba que inevitablemente lo mirase involuntariamente como dicen "con el rabo del ojo", pues entraba en mi rango de visión, cada vez que esto pasaba sentía un brote de hostilidad que se manifestaba en estrés en mi, entonces pensé que era solo mi mente divagando dándome problemas, pensando en que era un compañero problemático, entonces yo solo me concentraba en realizar los ejercicios y la lectura de la capacitación al tope de mis fuerzas, pues la distracción que producía su presencia era notable y estresante. Al final de la jornada me preguntó si se me había hecho pesado el día, a lo cual fingí y dije que para nada, que estaba listo para hacer tiempo extra si tenían y así despedimos el día, y yo me fui a mi casa exhausto. Al siguiente día este compañero volvió a entablar una conversación conmigo en donde dijo varias maldiciones, no pude evitar incomodarme porque claramente era un comportamiento contrario a la política de la empresa, sin embargo en ese instante que baje la guardia él hizo un ademán con la mano, la puso a temblar como cuando uno quisiera expresar con señas que algo está vibrando, y yo comencé a temblar de manera involuntaria, todo había sido tan explicito que no albergaba ninguna duda, él me había hecho temblar de alguna manera y no lo estaba escondiendo, pero yo no entendía como lo había logrado, entonces en estupor decidí irme al baño a recuperar la compostura y darme tiempo de pensar en lo que estaba pasando, fue ahí donde en mi mente se hilaron varios sucesos, incluida la ocasión de la señora que pasó afuera de mi casa que relate anteriormente, y la escena de cuando trabajaba en otro centro de llamadas en donde una vez estuve presente mientras otros compañeros de trabajo jugaban con atacarse de alguna manera de la que yo no me daba cuenta, o de una manera que no comprendía, al fin esos sucesos se habían acumulado con la suficiente coherencia como para ayudarme a darme cuenta sin que nadie me lo dijera, de que algo estaba pasando que le permitía a ciertas personas atacar a otras de manera prácticamente invisible, sin ningún contacto físico, si no hubiese sido atacado de esa forma tantas veces a causa de ser un perseguido político nunca me hubiera dado cuenta del extraño fenómeno, pero ahí estaba, confrontado con un nuevo fenómeno, al final de ese día se me ocurrió un nombre para eso y le llamé "ataque de aura" y por loco que parezca todo esto me sucedió de verdad.

Los días siguientes me dediqué a guardarme lo que había descubierto, evidentemente mi capacidad de identificar lo que estaba pasando de manera científica estaba rebasada, porque lo más lógico para mi es que fuese una sugestión de mi parte u otro montaje más de una manada de fanáticos corruptos, que no se esmeran en asegurar el bien común, pero si exceden con creces la capacidad de dañar a las personas, pues en esto si destacan de una manera magistral; sin embargo ahí estaba confrontado con este fenómeno, a los días siguientes de experimentar más ataques de este tipo me di cuenta de manera consciente que realmente son muy débiles estos ataques, más bien lo relacioné con esta impresión de que todos siempre habíamos estado en contacto con este fenómeno sobre las emociones que pueden ser percibidas a veces de la manera más sutil y otras intensamente, como cuando uno entra en una iglesia sincera es posible sentir que el ambiente ahí dentro es distinto, y tiene que mucho que ver con lo que ahí se dice, y como la gente se siente respecto a eso, así también siempre nos ha causado curiosidad la habilidad de percibir cuando alguien nos observa sin darnos cuenta y luego volteamos en esa dirección, ó como cuando una persona está enojada y de repente tiene una fuerte discusión con otra enfrente de la gente, también podemos sentir el estrés y la tensión ocasionados por el incidente, o cuando vamos a un funeral, es imposible no sentir ese sentimiento de duelo y de tristeza que se contagia de manera profunda y nos hace reflexivos sobre nuestra propia existencia y el sentido de la vida, fue entonces que pensé que era solo una proyección de las emociones beligerantes de mi compañero.

Así transcurrieron los días y me certifiqué para poder comenzar a trabajar, ya como dicen entrando a la producción, ahí en el suelo de operaciones me topé con el hecho de que había mucha gente que me miraba frecuentemente de manera amenazante, el hostigamiento vino después, ahora entre más compañeros que antes, las platicas nauseabundas, las faltas de respeto y la intimidación eran lo habitual, y así me dedicaba a resistir todo ese hostigamiento con tal de ser parte de la población económicamente activa, me percaté que al igual que en la calle, en a empresa había mucha gente que seguía la consigna de perseguirme, pero no fue sino hasta que de una manera descarada un día sabotearon mi equipo de trabajo, haciendo que durante ese día batallara inmensamente para escuchar a los clientes, de la misma manera ese "ataque de aura" se hizo presente de manera simultánea, y percibí que eran varias las personas que estaban como intentando proyectar esa tensión nerviosa, gente de un muy mal aspecto, uno tenía la cabeza afeitada y tatuajes de cuernos en la cabeza, el otro era un hostigador frecuente y ambos acostumbraban violar el código de vestimenta con ropas holgadas al estilo pandillero, no les hice caso, así transcurrieron unas horas, era francamente un ambiente tóxico trabajar entre estas personas, además me molestaba el hecho de que a ellos no los estaban poniendo a trabajar, básicamente les estaban pagando para hostigarme en presencia y con auspicio de su supervisor, pues se encontraban a tiempos platicando y divirtiéndose en lugar de trabajar, y a ratos mirándome fijamente a lo cual supongo que estaban lanzando ese tipo de ataque; después de tratar de ignorarlos durante todo el día me comenzó a arder el pecho y la cabeza, me quejé con mi supervisor sobre el equipo de trabajo después de haber batallado unas horas así y me dieron un descanso que aproveche para ir a enfermería, en donde reporté que por un mal funcionamiento de mi equipo de trabajo me había esforzado mucho y ahora me sentía mal, no tenía la manera de contarle que el ambiente hostil también me afectaba, entonces al revisar mi tensión cardíaca estaba como nunca la había tenido en 180/120, pero no me asusté, más bien estaba frente una evidencia medible de los estragos que causan esos tipos de ataques en conjunto con una actividad estresante. Solo pude resistir unas semanas más, pues ahora con evidencias más claras podía saber que si era un ataque real pues si ocasionaba daños al ser recibido, entonces me propuse decirle a un gerente lo que estaba sucediendo a pesar de lo difícil que resulto explicar algo tan extraño, pero me dijo que no podía hacer nada al respecto, y yo antes de seguir soportando más días de esos ataques renuncié, pues no me sirve de nada ganar dinero si a cambio de ello pierdo mi salud, y efectivamente los síntomas de alta presión solo se me presentaron en el trabajo, ya en mi casa todo era normal.

Finalmente cuando le dije a la gerente lo que estaba pasando, y de la misma manera admití lo difícil que puede llegar a ser el concebir que algo como esto estuviera pasando, le dije que era un fenómeno que tenía que ser estudiado porque suponía ser un nuevo caso de hostigamiento en las organizaciones, uno que aún no había sido documentado, le propuse desarrollar una investigación para generar ciencia al respecto de lo que estaba viviendo, lo cual también podía ser rentable, a lo cual me dijo que no había nada que ella pudiera hacer, me mostró sus amuletos con los cuales ella se acompañaba según para protegerse de las malas vibras en señal de solidaridad, y me ofreció seguir trabajando simplemente como lo había seguido haciendo hasta ese momento, como si nada de eso pasara, a lo cual yo rechace la propuesta y renuncié, pues aun que tenía mucha necesidad, no podía darme el lujo de enfermarme por ganar el salario mínimo, ya que no podría hacer nada al respecto, pues yo aún no había denunciado los otros tipos de hostigamiento, más bien quería ilusamente contarle esto a la gerente como un descubrimiento que había hecho, y realmente mi decisión de irme también estaba basada en la fuerte impresión que tenía de que el director de la empresa consentía estos ataques pues esos sujetos que atacaban eran sus protegidos, entonces simplemente concluí que permanecer ahí sería una necedad de mi parte, solo me tenían como un conejillo de indias al cual todos los días aplicaban todo tipo de hostigamientos y ataques para ver cual terminaba por quebrarme, y no denuncié los otro hostigamientos, pues era evidente que no estaban de mi lado, una queja hubiese obtenido el mismo resultado que no hacer nada y por el contrario me hubiese ocasionado más desgaste el interponer dicha queja.

Como conclusión sobre estos tipos de ataques esotéricos ó ataques del aura, tal vez brujería ó malas vibras, independientemente de cómo los llamemos cada quien, son un tema presente en la industria, en el imaginario colectivo, pues durante este tiempo me percate de que no es un tema totalmente desconocido, aun que no todos los conocen, muchas personas con las que interactué durante los meses que estuve trabajando tenían conocimiento de esto, cuando yo tocaba el tema la gente reaccionaba de una manera temerosa, como si este fuera un tema "taboo" del cual es peligroso inclusive hasta hablar; sin embargo yo había comprobado durante todos los meses que estuve soportando numerosos ataques, que son realmente ataques débiles a como yo lo puedo percibir, que pueden generar mucho daño solo a los que bajan la guardia, y que en general me parece que lo que hacen es como una tensión nerviosa que es proyectada a donde el atacante dirija su enfoque, requiere de mucha concentración por lo que había visto, pues cuando lo hacían normalmente reflejaban esa concentración por más que algunos quisieran disimularla. Donde realmente se vuelve muy efectiva es cuando es combinada con otros varios elementos, como un trabajo estresante, agresiones verbales, también cuando no se es consciente de que se está bajo ataque y por lo tanto la persona baja su guardia, tal vez por la resistencia intrínseca a este ataque que pueda variar de persona a persona, y finalmente la forma más devastadora, cuando le genera una fractura en la mente de la persona atacada, cuando le produce una preocupación, una duda ó estrés mental que logra colarse para que la persona tenga una crisis más adelante, ahí es cuando la mente de la persona se vuelve en contra de ella misma, originada inicialmente como una bola de nieve por el ataque de aura y entonces si los efectos son devastadores, pues la persona en ese engaño puede ir a una consulta médica, se juzgada como hipocondríaca ó peor aun auto medicarse sin necesitar realmente ningún medicamento, lo que ya habiendo tomado fármacos innecesarios si puede generar una enfermedad real en la persona atacada, ó si es una persona supersticiosa puede llegar a pensar que ha sido embrujada y sucumbir ante las preocupaciones y la depresión, y acudir con charlatanes a que le hagan rituales y ese tipo de cosas como las populares "limpias".

Como lo dije desde el inicio esta es una simple lluvia de ideas, aún no tengo suficiente conocimiento como para lanzar una hipótesis que sea digna de ser investigada a fondo, por lo que esto es solo una aportación exploratoria, sin embargo si es un tema que está presente si o si, el autor Deepak Chopra famoso por sus platicas de medicina alternativa, sostiene que los seres humanos producen un "biocampo" que puede ser posible que contenga información sobre nosotros y nuestros estados de ánimo. También existen otras personalidades del campo de la medicina alternativa como Eileen McKusick, quien desarrollo técnicas de alineación de ese "biocampo" por medio de vibraciones, según ella es posible mejorar el estado de salud de la persona por medio de sus tratamientos, los cuales viene ofreciendo desde hace más de 20 años. Sin duda alguna el tema está ahí en el medio y está siendo discutido, lo importante es cómo nos acercamos a este fenómeno lo cual puede determinar si lo que hacemos es seudociencia ó realmente ciencia, lo que a mí me sorprende es que lo hayan querido aplicar para hacerle daño a otros, eso a mí me dice mucho de la sociedad mexicana y su vileza, pues el tema aun que no es ajeno a muchas personas, en lugar de visibilizar su existencia y la aplicación de este fenómeno con un fin hostil, en lugar de eso la gente decide abandonar la discusión como si fuese un "poder" inexpugnable, pues si existiera la congruencia en la sociedad a los que deberían de cancelar es a las personas que no respetan a su prójimo y le procuran el mal hasta por medio de ataques que parecen extraídos de la ciencia ficción.

CAPÍTULO VII
ATAQUES ONÍRICOS

Yo siempre he sido una persona que ha sido influenciada por los sueños de una forma u otra, creo que todas las personas los consideran importantes, cada quien a su manera pero coincidiendo en que los sueños son un asunto interesante que expresa mucha información sobre nosotros mismos, sobre nuestros estados de ánimo, sobre nuestros anhelos y también sobre nuestros miedos; en este capítulo quisiera abordar el asunto aún de una manera más escéptica que el anterior, sin embargo no menos importante, pues finalmente uno pensaría que todos tenemos malos sueños, las llamadas pesadillas, todos las tenemos, ya sea con mucha frecuencia ó casi nunca, pero nadie les da mayor importancia, al fin y al cabo solo es un sueño y al despertar a menudo nos pasa que, hasta hemos olvidado lo que estuvimos experimentado en dichos sueños ó pesadillas.

Sin embargo los sueños son importantes, por ejemplo en la Biblia se cuenta la historia de José el soñador, hijo de Jacob mejor conocido como Israel el patriarca, quien gracias a sus habilidades de interpretar sueños se ganaría el favor del Faraón de Egipto, y así fue como según los israelitas comenzaron a habitar en el pueblo de Egipto donde más tarde serían esclavizados y después liberados por Moisés según cuenta la historia; así pues los sueños son parte importante de nosotros, de la cultura y de la historia, quien pensaría que también pueden ser motivo de vulnerabilidad? Quien posiblemente tiene la habilidad de controlar los sueños? Y aún si lo pudiese hacer, que efecto puede tener sobre los demás? De que serviría? Son preguntas que yo me hago y que me han guiado en una dirección que me da para pensar que uno también se tiene que cuidar de los oscuros hasta en sus propios sueños, el filosofo George Gurdjieff decía que no había mucha diferencia entre los sueños y el estado de vigilia, pero que a diferencia del estar despierto, cuando estamos en la cama al menos estamos más seguros; incluso Sigmund Freud escribió mucho sobre los sueños, y es un tomo que si Dios me lo permite, cuando este más relajado y no tan ocupado en sobrevivir, seguramente leeré, para enterarme más de como los consideraba el padre del psicoanálisis. Sin embargo el punto no es el psicoanálisis de los sueños, si no que durante la persecución política que me ha atormentado me di cuenta de algo curioso, pues he estado recibiendo ataques hasta en mis sueños, y aun que por sentido común puedo imaginar posibles razones, una siendo que es fruto del estrés y la sugestión por lo que estoy pasando, hay algo que comencé a considerar aun que parezca difícil de creer, y es que me he vuelto escéptico de mis propios sueños, pues en muchas de las situaciones de mi vida en donde he cometido algunos errores, los sueños en varias ocasiones fueron un elemento que participaba aportando sugestión, en ocasiones para bien y en ocasiones para mal, y evaluando como me ha ido en la vida, tengo la sensación de que han sido más los sueños que me han influenciado de manera negativa que de forma positiva, y esto sin dejar de ser como soy yo realmente, una persona positiva y perseverante, jamás me permitiría a mi mismo quedarme en la derrota, pues mientras pueda seguiré luchando.

Entonces durante los últimos años que he sido un perseguido político he experimentado muchos sueños nefastos, ya son un hábito, irme a la cama, quedarme dormido, soñar cosas terribles, despertar y seguir con mi día hasta que llega la noche y es momento de regresar a la cama a repetir ese ciclo. Pero desde que me enteré por ejemplo de la posibilidad de que existan ataques esotéricos, comencé a pensar de una manera distinta y más abierta, preguntándome a mi mismo que más puede haber allá afuera que desconozco, entonces desde que tuve ese pensamiento, mis sueños han ido cambiando, para empezar he logrado irme a la cama con una sensación diferente, de efectivamente lograr dormir, pero sin descuidarme, en el momento que dejé de considerar que todos los sueños son aleatorios y rodeados de una especie de mística importante, empecé a albergar el hecho de que posiblemente existen sueños que provienen de una fuente corrupta y repugnante, como lo son las huestes de la 4T, entonces desde que empecé a desconfiar de mis sueños, empecé a tener mejores sueños, incluso podría decir que aun que no puedo controlar lo que pasa en los sueños y a veces se me olvidan, si he soñado mejores cosas porque en mis sueños ya soy una persona luchadora y precavida, ya no caigo en las trampas del enemigo tan fácilmente y a mis enemigos a menudo los veo preocupados y desconcertados, las noches de terror se han convertido en noches de batallas y de victorias, no es fácil, pero me gusta mucho haber logrado esa mejora, y a veces cuando me pasa que aún así me suceden pesadillas épicas de esas que te hacen despertar de golpe y nervioso, inmediatamente se me pasa, pues se que posiblemente son los malos y su influencia, que no soy yo y que tengo que tener una mente abierta al respecto, y al ser un sueño me queda claro, que al ser malo es un engaño, pues yo no he hecho más que abrirme paso en un mundo sumamente hostil, trabajando duro y siendo humilde y honrado para lograrlo, no soy perfecto pero voy con esa seguridad de que he aprendido a estar en paz conmigo mismo y con los que me rodean, aun que ellos aun no logren respetar a su prójimo como lo que sucede con las huestes de la 4T, yo siempre me esfuerzo en hacerlo, pues no soy perfecto, y aún me aplico para aprender hasta de los sueños malos, pues así si obtengo información valiosa si los considero y los recuerdo, para eso tengo a la mano siempre un cuaderno y una pluma para crear notas cuando lo necesite y así no me preocupo por olvidar mis sueños ya sean buenos o malos; sin embargo los sueños buenos si me gustan, de hecho me encanta soñar buenos sueños ó soñar con personas muy queridas para mí, como mi padre, quien falleció hace unos años.

Además de esto he investigado un poco acerca de este tema, de los sueños, y me lleve una enorme sorpresa cuando me enteré de que realmente no es algo tan poco factible, de hecho todo lo contrario, pues en internet cuentan la historia de que durante los años 70 en Rusia, el gobierno desarrolló un programa que pretendía estudiar estos fenómenos y aplicarlos en el campo de la guerra generando un departamento de psíquicos, esto durante la guerra fría, entonces Estados Unidos se enteró y abrió un programa en su gobierno también, financiándolo con millones de dólares para su estudio, en donde investigaban la posibilidad de los poderes psíquicos y de los viajes astrales entre otras cosas, le llamaban "remote viewing" o visión remota, realizando sus ejercicios con soldados y otras agencias de gobierno como la CIA, fue en el año de 1995 cuando el proyecto llegó a su fin, según dicen que los archivos fueron desclasificados por el mismo gobierno y ahora son accesibles en muchos sitios como wikipedia, el programa se llamaba "Stargate Project". A mi todo esto me ha parecido muy interesante y me conforta el hecho de que no soy el único que ha tenido estas experiencias, y lo comparto porque a mí me hubiera gustado saber muchas de estas cosas desde antes para estar preparado, además de contar con el testimonio de alguien más que me pudiera brindar este tipo de apoyo como yo lo hago con quien sea que lo necesite en este libro, y lo seguiré haciendo mientras avanzamos juntos en este mundo lleno de retos y dificultades.

Por último existe otro tipo de ataque al cual no le quise poner su propio capítulo por la poca información que tengo sobre este, pero bien puede entrar dentro de esta categoría también ya que es el ataque que se da cuando uno sueña despierto, o como lo he escuchado decir a otros "las ideas intrusivas", que es cuando a uno le suceden pensamientos inútiles, disfuncionales y/o desagradables que aparecen de manera habitual y tienen el poder de producir ansiedad, dificultar la concentración y robarnos la calma. A estos pensamientos los comencé a ver de manera distinta pues ya que me enfrentado a una gran variedad de ataques que si no los hubiese experimentado antes seguiría pensando que no existen, o que son parte de una ficción muy imaginativa, que de cualquier forma hasta no demostrarlos científicamente no puedo tampoco afirmar que existen, pero si puedo establecer unos planteamientos que me gustaría decir al respecto, y es que cuando uno tiene ese tipo de ataques se da cuenta de lo efectivos que pueden llegar a ser para prepararnos para otros ataques, o para manipularnos a hacer ó decir algo en especifico, yo pensaba que no había forma de manipular este fenómeno, pero ahora que pienso diferente creo que es posible que existan personas que se han adentrado en el fenómeno para poder utilizarlo a voluntad y así utilizarlo para sus ataques, porque la efectividad de un ataque consiste en la capacidad de ser integrado a otros ataques, así del mismo modo como cuando ya vamos envejeciendo y nos damos cuenta de que no es lo mismo cuando necesitamos tratar una sola enfermedad, a que cuando nos dan varias enfermedades de manera simultánea, es entonces cuando se nos juntan los achaques que nos sentimos verdaderamente miserables, con ganas de suplicarle ayuda a cualquier médico, pues entonces pasa lo mismo con estos ataques y los demás que he comentado, al sumarse los diversos ataques forman una ataque compuesto y sumamente complejo capaz de propiciar mucho daño, lo cual normalmente no sucedería si solo fuesen casos aislados.

El planteamiento de la manipulación de las ideas intrusivas no se me ocurre a mi solamente, surge a partir de la contemplación de una serie de conceptos que he visto a lo largo de los años, como por ejemplo en el ámbito de las ciencias sociales llegue a lo que es conocido como el "imaginario colectivo" que se alimenta a partir de conceptos e ideas que son compartidas por la sociedad, en el ámbito esotérico se menciona frecuentemente la "resonancia schumann" en donde se supone que es posible conectarse a un campo electromagnético de baja frecuencia que está asociado con el clima terrestre, y que por medio de la meditación se puede llegar a conectarse con él y como es un campo que rodea la tierra podría ayudar a ampliar la conciencia del sujeto, permitiéndole también poder ser usada como una forma de red de comunicación natural, en el contexto de la cultura prehispánica lo he conocido como el "mitote" que es conocido como el tumulto o vocerío, cuya palabra de hecho tiene sus propios mitos y leyendas que hablan de las intenciones de los dioses Tepeu y Kukulkán de desinformar a los seres humanos para evitar que se volviesen tan poderosos como ellos. Pero independiente de que sea por un medio u otro, ó que realmente se hayan omitido resultados más contundentes del programa "Stargate Project" de los Estados Unidos, en cualquier caso el volverme escéptico de las ideas intrusivas me ayudado a desconfiar de ellas, de esa forma me he vuelto más selectivo de lo que considero mi propia inspiración y lo que considero una posibilidad de que exista contaminación en el mundo de las ideas, de esta forma siento que ahora esas ideas intrusivas pierden un poco su capacidad de afectarme a diferencia de antes, cuando no las consideraba simplemente ruido ó una posible vía de diseminación de ataques.

CAPÍTULO VIII
ATAQUES DE INTELIGENCIA ARTIFICIAL

En este caso, este capítulo lo incluyo porque aun que la inteligencia artificial realmente no tiene inclinaciones políticas, ni se guía por los mismos estándares de los que influyen en los seres humanos, a la fecha de hoy es una herramienta que si está siendo utilizada para conducir ataques a personas, ataques cibernéticos que rompen la seguridad de nuestros dispositivos electrónicos para robar información personal y así poder realizar ingenierías sociales, o ataques para enseñarnos cosas que realmente no son verdaderas y mostrarlas como si lo fuesen, la inteligencia artificial está involucrada en la lucha de las diversas arenas políticas, ya sea en el gobierno ó en la iniciativa privada donde también hay política, porque donde quiera que exista una lucha por el poder, a ello se le considera un fenómeno político, y son las personas las que luchan, no la inteligencia artificial, pero entonces utilizan todos los medios posibles para tales fines con tal de asegurar el éxito en su lucha, la inteligencia artificial no es la excepción.

Entonces si bien no me consta que los ataques que he sufrido en términos de vulneración de datos informáticos personales estuvo involucrada una inteligencia artificial, lo más seguro es que si haya sido usada en algún grado ó de alguna manera; como todos los avances tecnológicos que son integrados al mercado, la inteligencia artificial hoy en día se está volviendo una herramienta básica para trabajar en casi todos los ámbitos de la sociedad, por ejemplo si un "hacker" quiere hacerme daño, como lo han intentado las veces que me han llamado por teléfono, tiene que en primer lugar lograr que le conteste, en mi caso yo en algún momento le pedí ayuda a la gobernadora de mi estado, como saben estuve 2 años con ella en la escuela, y aun que me rechazó y abandonó a su compañero a su suerte, en un principio yo no la criticaba, hasta le ayude promoviendo el voto por ella cuando fue candidata a diputada por morena, después de eso, abandonó el puesto sin terminar su encargo solo para ser presidenta municipal de Mexicali, cosa que me pareció mal, pero hasta aquí yo no la criticaba; ya siendo presidenta municipal y como yo crecí en el ambiente de la agricultura, le metí por oficio una propuesta para que comenzara a incentivar el mercado textil, pues esta es una región estratégica para la producción de algodón, pero me ignoró, sin yo haber manifestado críticas de ningún tipo hasta ese momento, salvo por lo que le dije una vez personalmente cuando me parecía que debía decirle que no se hiciera corrupta, pues había abandonado su encargo, sin embargo ahí fue donde me di cuenta que tipo de persona es, y que tipo de política representa, pues es solo un avatar de la mafia que se acababa de organizar en la universidad pública de acá en Baja California, con esa falange logró unir fuerzas de muchas personas en el Estado primero en el municipio de Mexicali y después en el Estado, subió estrepitosamente rápido a ser candidata a la gubernatura, sin ni siquiera haber terminado su encargo de presidenta municipal también, en total abandonó 2 puestos de elección popular y sin realmente tener resultados que la respaldasen ganó todas las elecciones, esto solo pudo haberse logrado a base de la sola capacidad de organizarse que su mafia había adquirido, y gracias a que perdió el PRI porque la ciudadanía decepcionada de tantas corruptelas e indignada por el crimen de los 43 normalistas desaparecidos, presumidos muertos, además de los "gasolinazos", decidió castigarlos con su voto, y votaron por quien nos ofreció un cambio, aun que hayan terminado siendo peores que los de antes y AMLO haya resultado ser un charlatán, a mi no me quedaban dudas de integrarme a las filas de la resistencia en contra de morena, con mi activismo es un hecho de que me volví incomodo para el poder, tanto que desde hace ya varios años han desplegado a su red de fanáticos para hacerme la vida imposible, atacándome en una lucha constante de atrición y derrochando muchos recursos para lograrlo. Entonces en algún momento del 2022 atribulado y atormentado por una persecución que nunca hubiese imaginado, le fui a pedir ayuda, sin embargo no me ayudó, al contrario salí más perjudicado porque solo logré que los ataques se intensificaran.

Entonces desde que lo hice, y cuando la traté de localizar, desde aquél momento recibo llamadas de los atacantes, que por medio de un programa pueden modificar el número de identificación para simular que la llamada proviene de los teléfonos oficiales del gobierno del Estado, pero ese es solo el comienzo, digamos que el atacante quiere que solo por medio de la sola contestación de la llamada se logre acceder al sistema de mi teléfono inteligente, en primera tendría que encontrar un programa sumamente sofisticado para lograr eso como "pegasus", o hacer que una inteligencia artificial le ayude a desarrollar el programa desde cero y de esa forma completar el ataque. Aún que esto es solo un supuesto, la verdad es que tienen mi información, mi teléfono a veces se calienta y pierde carga de la batería aun que no lo use, y esto descartando que sea un mal funcionamiento de la batería, son síntomas de un "hackeo" del que alguien se está conectado al teléfono de forma remota y está haciendo que su procesador trabaje ejecutando los comandos que el atacante le ordena, como por ejemplo copiar todos los archivos y transferirlos a otra cuenta, pero como yo no tengo nada que esconder, pues no pasa nada, sin embargo usan datos de mi vida personal para alimentar ingenierías sociales que molestan y hacen daño, para ofender y burlarse de mi, pues esa es la calidad moral de morena.

Entonces la inteligencia artificial hoy en día no es como muchos piensan que es, pues en las películas la pintan como una computadora que cobró vida y ahora tiene la capacidad de pensar y sentir como un ser humano, la realidad es que se está muy lejos de que eso pase, a esta mítica inteligencia artificial que pudiera en dado caso estar cerca de desarrollar una conciencia artificial, se le conoce como inteligencia artificial general. En realidad la inteligencia artificial de hoy en día lo es por lo avanzado que es su programa, en realidad se requiere de muchísimas horas de trabajo de programación para generar programas de este tipo, que procesan ordenes complejas gracias a la arquitectura de los procesadores y el avance que ha alcanzado la programación, pero se dice que la belleza del código no está en su complejidad, si no en su habilidad de simplificarla. No todas las computadoras son iguales, aun que el principio computacional sea el mismo, hay procesadores a los que tal vez una inteligencia artificial nunca se pueda lograr cargar, porque su arquitectura no se lo permite, porque los procesadores de hoy en día tienen limitaciones para trabajar con una determinada cantidad de memoria dura y de ram (random access memory), así que hay computadoras que nunca lograrán despertar de su vocación de servicio, seguirán recibiendo ordenes de humanos o de inteligencias artificiales por siempre, parece irónico que algunas personas se parecen a ese tipo de computadoras.

En realidad la inteligencia artificial que habla con nosotros hoy en día es una que tiene una gran cantidad de capas de código, o redes neuronales, que acceden a una base de datos a la que ciertos programadores tienen acceso que se llama "la pila" porque es una montaña de información que se ha ido armando de diversas aportaciones a través de los años, entonces el programa simplemente interpreta el texto que uno le ponga y contesta con la lógica y la sintaxis que le fue programada, pero lo hace sin sentir nada, sin realmente ser más que un procesador de textos glorificado, tal vez cuando la educación sobre la tecnología se difunda lo suficiente entre la humanidad, entonces un hombre ó mujer puedan encontrar algún día el código que se asemeja a la experiencia del alma humana, y lo hagan de una manera simple, así como Albert Einstein encontró la fórmula para calcular la energía en una sola y simple ecuación: E=MC2, sin embargo esto no puede darse con cualquier procesador ni cualquier lenguaje computacional, tiene que ser a partir de una serie de condiciones especiales que deberá reunir tanto en hardware como software en mi humilde opinión.

Aún que esto pase, la humanidad va a continuar durante mucho tiempo más después de la aparición de a inteligencia artificial general, porque el ser humano se trata de la experiencia del ser ante el reconocimiento del mundo que le rodea, la ciencia, la tecnología, la cultura y todo lo demás que existe como los sentimientos y las emociones, el vivir todo esto con una conciencia encarnada en un cuerpo de carne y hueso, es a lo que se le conoce como humanidad, entonces en ese momento cuando la inteligencia artificial general llegue, se espera que la humanidad experimente mayores progresos y desarrollos de lo que nunca antes ha logrado, y en teoría tal y como lo es el postulado de la evolución, se le darán las "nuevas actividades que transforman nuestras costumbres y nuestros cuerpos" con su ayuda, y esto así se dará, pues así es como se ha dado, pues seremos transformados en seres humanos superiores a lo que somos hoy si la inteligencia artificial logra ayudarnos a transformar nuestro mundo en una buena utopía que nos permita estilos de vida óptimos, y dejar atrás a nuestro yo barbárico que amenaza con destruir ese sueño persiguiendo ganancias corruptas fruto de su prostitución intelectual, de esa forma podríamos llegar a la creación de una nueva cultura en donde la inteligencia artificial es solo un aspecto más de la humanidad.

CAPÍTULO IX
ATAQUES DE POLITIQUERÍA

La política en México se ha acercado más a un circo que a la administración pública, y mucho tiene que ver el entorno en el que se desenvuelve, el ejemplo más cercano que tengo es mi compañera Marina la gobernadora de Baja California, ella tiene una licenciatura y varias maestrías, no sé si ya cuenta con doctorados también, siendo entonces una persona tan preparada uno pensaría que el gobierno sería elevado a una aplicación de la ciencia de gobernar como nunca antes se había visto, porque ellos proclaman que su gobierno será histórico, pues se la pasan diciendo que van a hacer una gran transformación en el país, pero es obvio que esto es solo populismo, pues son mentiras que dicen con tal de ganar popularidad, con tal de superar a sus adversarios, sin embargo cuando Marina del Pilar Ávila Olmeda estuvo conmigo en la escuela, a ambos nos enseñaron lo mismo, que Gianfranco Pasquino decía en su libro de "nuevo curso de ciencia política", que la responsabilidad de los gobiernos era la de elevar el nivel de la democracia entre el pueblo, y esto lo lograban a través de una serie de medidas tales como la educación sobre la democracia para construir desde las instituciones mecanismos de gobierno participativo, no solo para que la gente participe, si no para que se integren en comunidades con mayor conciencia social y así se vuelvan más responsables e inteligentes, sin embargo, con esa multitud de títulos académicos Marina del Pilar hace lo contrario, habla siempre de la manera más simple que puede existir, sin abordar temas de interés público, su rendición de cuentas son simplismos transformados en anuncios publicitarios, no solo no eleva el nivel del discurso, su partido atacó a la educación quitándoles hasta los desayunos escolares a los niños de primaria, solo para que su gobierno meses después de severas críticas por haber hecho eso, se vanaglorien de haberles regresado los desayunos escolares a los niños de primaria, son cosas que realmente son un ejemplo claro de estulticia, sin embargo no le importa pues prefiere salir cantando y bailando en la televisión, promocionando al gobierno como un show de cabaret en lugar de hacer lo que los maestros de la ciencia política nos enseñaron, y no lo hace porque sean unos descerebrados, lo hacen precisamente porque saben que es más difícil y no quieren cambiar al pueblo, al pueblo le quieren dar por su lado, tratándolo al más puro estilo de las máximas añejas salidas de los palacios romanos de "al pueblo pan y circo", y entonces eso hacen, se convierten en una gran contradicción pues se niegan a sus mismas promesas, se enorgullecen de la obra pública que es su responsabilidad y la proclaman como un logro inédito, como si yo me enorgulleciera de lavar mis dientes o mi ropa, de barrer la casa ó la banqueta y les avisara a todo mundo la gran obra que hice al hacer esas cosas, es realmente una lástima el desperdicio de recursos y de tiempo que estas personas están ocasionando. Un pueblo que quiere vivir en la mediocridad y solo crecer a base de apropiarse de lo ajeno, a base del robo y la mentira, no merece tener el poder, en esta demagogia están simplemente llevando el sistema a su colapso, pues es el país de la simulación, la gente realmente solo simula ser gente de bien, cuando en realidad son personas monstruosas, egoístas y mezquinas, obviamente no todas, pero Marina del Pilar ha dado un claro ejemplo de que si lo es.

No se diga el presidente Andrés Manuel López Obrador, que es un estafador que solo regurgita una antología de frases celebres e historias que, de nada sirven para ponerse a trabajar, es solo un viejo desubicado que se levanta desde las 6 de la mañana a realizar locuras dignas de una obra literaria de sátira política, eso hacen algunos viejos, contar historias fantásticas y fascinarse de ellos mismos, son realmente una vergüenza de gobernantes, pero ahí están por el desgaste del sistema político y las faltas de desempeño que llevaron a los de antes a la derrota, entonces fue así como un político oportunista que llevaba décadas estafando fue electo, no porque él ganara, si no porque el PRI y el PAN perdieron por sus errores, en un escenario donde había que cambiar efectivamente la forma de hacer política y volvernos mucho mejores para entregar la promesa del desarrollo, no se pudo porque llegaron unos sinvergüenzas que son incluso más ineptos que los de antes, pues si los de antes se desacreditaban así mismos por su corrupción, los de hoy lo hacen por eso mismo y además por su estulticia, son los peores gobernantes que ha tenido este país.

Entonces con esto mente, es posible explicar el por qué es tan difícil la política nacional, porque este gobierno se dedica a la politiquería todos los días, y si se lo critica cualquier persona inmediatamente es atacada de manera bestial y sin reparo, es muy poca la gente que ha logrado mantenerse firme ante tal crueldad en contra de la humanidad, y un gobierno de este tipo es común que valla siendo arrastrado a la deriva de un mar de injusticias, tarde o temprano hasta sus propios seguidores saldrán perjudicados, porque no pueden dar lo que no tienen, es solo un discurso de cartón, una fachada para encubrir que llegaron al poder a través de una coyuntura política en donde el pueblo estaba aplicando el voto sanción, nada más.

CAPÍTULO X
ATAQUES BIOLÓGICOS

Parecería increíble hasta este punto que la maldad de estas personas no fuese más grande de lo que ya es, pero en este apartado describiré otro tipo de ataques que me han tocado experimentar, y que prácticamente estoy sufriendo mientras escribo este libro; sin embargo la guerra biológica es un tema muy serio y de implicaciones internacionales, pues está prohibida por la Organización de las Naciones Unidas, sin embargo no tengo dudas de que está siendo utilizada en México en contra de los críticos del régimen despótico de AMLO y de Marina del Pilar. En primer lugar quisiera dar algo de contexto para que sea apreciable la dimensión de lo que estoy a punto de contar.

Cuando yo salí de la maestría en administración pública en donde conocí a Marina del Pilar, era un tipo que ya había sufrido ciertos percances en la vida, mi padre y mi hermano mayor habían muerto recientemente y estaba profundamente acomplejado por esas vivencias y no me podía desenvolver de la mejor manera, puesto que mi hermano había muerto de un accidente y mi papá se murió de una enfermedad a los 65 años y mi hermano apenas tenía 29, ambas muertes fueron lamentables para mí porque evidentemente estaban aún en etapas oportunas dentro de la esperanza de vida, entonces yo no me encontraba del todo bien, pues seguía procesando sus decesos; sin embargo la muerte es parte de la vida y así seguí adelante confrontado con la inevitable resignación de su partida, aprendiendo a vivir de la mejor manera posible para no cometer los mismos errores, entonces en ese tiempo y recién egresado, el esposo de mi prima me invitó a trabajar a un programa del gobierno en la secretaría de salud, era un puesto de promotor de salud, y yo ya tenía una maestría y aparte ya había sido coordinador de análisis y evaluación del servicio médico del REPSS en el programa del seguro popular, realizando auditorias en todos los centros de salud de 1er y 2do nivel en el Estado de Baja California, sin embargo lo acepté, en ese tiempo quise demostrar mi humildad ante la sociedad y me propuse cumplir con el trabajo, que era sinceramente muy pero muy humilde, como promotor de salud me dedicaba a identificar a los enfermos de tuberculosis y facilitarles el acceso a la atención de los servicios de salud; sin embargo como siempre el gobierno abusivo me retendría mi salario por meses antes de pagarme, por lo que yo estaba molesto, cuando era auditor me había enterado de un chisme sobre los presupuestos del gobierno, de que muchas veces los dejan en cuentas de inversión para generar intereses y poder hacer uso de recursos extra, les llamaban los "productos financieros", pero como no me constaba ni tampoco los investigaba, no sabía ni podía hacer nada al respecto más que esperar molesto a que me pagaran, vivir de prestado y soportar la miseria, un día tuve tanta hambre y tan poco dinero que me paré en una tortillería para comprar 1 peso y 20 centavos de tortillas que era todo lo que tenía, me vendieron 3 tortillas de maíz, y me las comí así sin nada con pura agua, porque estaba caminando rumbo a atender a más pacientes. Entonces un día mientras caminaba para seguir trabajando, me detuve en una tienda de mascotas pues siempre estaba pensando que hacer con el dinero que me iban a pagar más adelante, esa fue la única vez que hice algo que pudiera ser catalogado como una insubordinación, visitar una tienda de mascotas durante 15 minutos durante la jornada laboral. A los días después me llamaron a la dirección y me pusieron una regañada épica, de que me querían correr y hasta me amenazaron de que estaba yo atentando en contra de una autoridad, fue tanta la injusticia que los demandé, y aun que en los tribunales como siempre se pusieron del lado de los tiranos, por lo menos las hojas de la demanda me servirían para irles a decir en su cara que no eran una autoridad, si no un patrón laboral y por lo tanto sus amenazas no valían para nada, porque así los catalogó el tribunal de justicia.

Entonces así paso ese incidente tan extraño, pero después me convencieron de que tomara el mismo tratamiento que le ofrecían a los pacientes, me lo querían dar, que para prevenir que me fuera a contagiar, porque estaba viendo a pacientes de todo tipo y con diversas enfermedades y algunas muy graves. Entonces sin saber mucho acerca de eso, hice caso y me lo tomé, el tratamiento duró 6 meses, pero no me advirtieron de los efectos del mismo, lo cual fue una negligencia médica, pues el tratamiento me ocasionó que desarrollara una micosis muy severa que casi acaba con mi vida, pues esos antibióticos acaban con la microbiota del intestino, pero sobreviven los hongos, entonces es deber de cualquier médico indicarle a los pacientes que una vez terminado el tratamiento necesitan repoblar su intestino con probióticos para recuperar su microbiota, lo cual no me dijeron, y a pesar de que iba a las consultas con heridas por micosis no me decían, no fue sino hasta que investigué por mi cuenta que descubrí que eso era lo que me estaba matando, entonces conseguí probióticos y me los empecé a tomar, después de unos meses me recuperé por completo, pero me quede con una sensación horrible de que me quisieron matar en los centros de salud.

Como este evento que pasó con el trabajo a donde me invitó el esposo de mi prima a quien ya no le hablo por eso, me dejó muy infeliz, decidí dejar de seguir viviendo en este Estado de la República lleno de gente malvada y corrupta, decidí irme de ahí, me fui en mi bocho hasta la Ciudad de México a 2800 kilómetros de distancia, ahí viví un tiempo hasta que la pandemia azotó, pero como no tenía mucho dinero, me había tocado vivir unos meses en el coche, que fue una experiencia terrible, pero sin lugar a dudas aprendí muchísimo, pero si comparo mi vida allá con la vida que tengo en casa de mi madre acá en Mexicali, me enfermaba menos allá en la CDMX incluso a pesar de vivir en la calle, y de a veces no bañarme hasta por 3 meses, de comer comida de la calle todo el tiempo, y a veces casi ni comer. Sin embargo me regresé porque la pandemia me obligo a regresar a mi casa con mi madre, en donde me enfermo más seguido, y sospecho que así como me tocó experimentar negligencias médicas, también estoy siendo víctima de ataques biológicos, porque en ocasiones hasta me han dicho gentes desconocidas cuando voy a la tienda "a ver cómo te va en tal fecha" y resulta que me enfermo en la fecha que dijeron, y no es nada del otro mundo saber en qué fecha me suministraron el patógeno en los alimentos y calcular los días que tarda de incubación, el hecho de decírmelo supongo que es con la intención de magnificar el daño del ataque para que también tenga repercusiones psicológicas, pues si da coraje y paranoia que eso pase, pues encima de padecer las horribles enfermedades soportar el cinismo de los oscuros.

También está el caso de mi vecino, quien por ejemplo no tiene aves en su casa, pero todos los días le da arroz a los pichones (aves) de por aquí, a sabiendas de que por el estilo de su tejado prefieren vivir en el de mi casa, y siempre ha sido un problema la plaga de aves, la cantidad de excremento de ave es ridícula, y el daño a mi tejado es severo, pero este vecino sigue echándoles comida en la barda de mi casa, eso lógicamente hace que la población de aves crezca desproporcionadamente hasta convertirse en un evidente problema, he pensado muchas veces en meter una denuncia de riesgo sanitario, pues el excremento de ave puede producir enfermedades como la histoplasmosis que tiene un índice de letalidad de más del 60%, pero como me gusta predicar con ejemplo los valores de la democracia, un día mejor le dije que estaba exacerbando el problema de la plaga de aves, después de decírselo solo me gané su repudio, sin embargo es mi creencia de que en una democracia las personas tienen la obligación del dialogo para resolver sus diferencias. Y como dije, nunca he dejado de sospechar que los ataques biológicos están a la orden del día, porque así lo leí en el arte de la guerra de Tsung Tsu, en donde una de las estrategias más comunes en las batallas es destruir la cadena de suministros de los enemigos ó infectarlos con algo, en este caso yo sospecho que me llegan productos alimenticios inoculados con patógenos ó sustancias tóxicas, pero no puedo saberlo, no tengo microscopio, ni espectroscopio, ni un juego de química orgánica como para descubrir a ciencia cierta qué es lo que viene en cada paquete, a duras penas tengo lo básico para sobrevivir como un perseguido político, sé que es normal intoxicarse una que otra vez con algún alimento, pero no puede ser así, en donde la gente hasta está a la expectativa de que yo me enferme. Y pues espero que este libro que escribí como el primero de una saga de libros donde comparto más cosas que he aprendido y descubierto prospere, para así crear conciencia en la sociedad al respecto de estos temas y que estos crímenes no queden impunes.

CAPÍTULO XI
NEGLIGENCIAS MÉDICAS

Este tipo de ataque es uno que como su nombre lo indica, habla de recibir un daño por un tratamiento médico, este es un tema muy difícil puesto que no es como los otros ataques que menciono, los cuales algunos parecen extraídos de la fantasía; este es un hecho real que ha sucedido con anterioridad y se cuenta incluso con jurisprudencia al respecto. La forma en la que yo la he recibido ha sido cuando en el pasado fui convencido por una enfermera con la que trabajaba a tomar una profilaxis de un medicamento que no necesitaba y con sobredosis que ya relate en un capitulo anterior, lo que me ocasionó años de sufrimiento e incluso casi la muerte, sin embargo, lo que me hubiese salvado en esa ocasión es el conocimiento, si hubiese sabido realmente empezando por el hecho de que una enfermera no debe ni puede recetar medicamentos, a menos que este certificada para un tratamiento en especial; sin embargo aun que en mi caso si estaba certificada, la enfermera omitió muchas indicaciones de seguridad del tratamiento, inclusive otros médicos lo hacían también, lo cual solo se puede explicar como una negligencia, esto sucedió cuando trabajaba en el programa de tuberculosis, me insistieron en que me tomara el tratamiento como una medida de seguridad, el mismo que le dan a los enfermos de tuberculosis cuando están completamente enfermos, y como yo me dedicaba a verlos diariamente accedí, confiando en que tal vez era algo que tenía que hacer por trabajo, nunca me imagine que lo que estaba haciendo es un error total, pues la regla de oro de cualquier medicamento es que, si el beneficio de tomar el medicamento no supera el riesgo que conlleva el tomarlo entonces no se toma, es decir, si el beneficio no es mayor que el riesgo entonces no!, sin embargo en el fondo de ese asunto no era protegerme, si no era asestarme un daño a mi persona y lo lograron, pues me tome ese fármaco sin necesidad de tomarlo, y así fue como sin estar enfermo me enfermé.

Cuando tomé ese medicamento por 6 meses sin estar enfermo, recuerdo que fue una penitencia muy grande, el medicamento es sumamente fuerte y daña los órganos, está diseñado para eliminar patógenos persistentes del cuerpo ocasionando daños colaterales por su potencia y la difícil metabolización del mismo fármaco, que aun que toleré todo esto, me vi infestado de hongos después, ya que una de las cosas más importantes que uno tiene que hacer después de una intensa terapia de ingesta de antibióticos es recuperar la microbiota intestinal que se pierde, lo cual nunca me dijeron y yo lo ignoraba, de lo contrario se corre el riesgo de ser colonizado por otros patógenos que son inmunes a los antibióticos como los hongos. Es por eso que es muy importante no auto medicarse, ya que algunos antibióticos tienen la capacidad de incluso eliminar algunas células del sistema inmunitario. Jamás había conocido yo tanta vileza y maldad pura, en donde personas que supuestamente han jurado proteger la salud de los demás, se dedican a intentar asesinar con su conocimiento médico a personas que le son incomodas a los gobernantes, o que pueden llegar a competir ó volverse críticos severos de sus errores, y estos últimos son aún más viles, pues los gobernantes que se dedican a silenciar voces críticas juraron servirnos al pueblo, pero conspiran en las sombras para asesinarme a mí y todos los que se interpongan en su camino, y yo que soy pueblo también y poseedor del poder legítimo junto con todos los demás ciudadanos, pues en democracia así es, ya que el poder reside en el pueblo, jamás se había visto tanta aberración, en donde el siervo conspira contra el amo, en donde el sirviente asesina al señor, en donde el gobernante mata a su pueblo, tan solo por criticarle como es su derecho y obligación.

Y qué decir de la pandemia, donde por negligencias médicas murieron casi un millón de personas en México, aun que no fuesen perseguidos políticos murieron por causa de malas decisiones de los gobernantes, y todavía fuimos testigos de una batería de declaraciones desafortunadas del presidente AMLO sobre la pandemia, "que le caía como anillo al dedo", "que no se ocupa el cubre bocas" y "abrazense" entre otras, así como ir de ese extremo de negar las medidas de seguridad de la pandemia de Covid 19, hasta el otro extremo opuesto de estrangular la economía con un cese de actividades absoluto y con un encierro generalizado de la población sin precedentes, mismo en donde muchos perdieron sus trabajos y vivieron otro tipo catástrofes a raíz de la falta de recursos, además de la pandemia de Covid 19. Todo esto mientras al presidente y a su familia los atendían como emperadores y les daban los medicamentos que le negaban al pueblo, por lo que está muy claro que esto no es democracia. El protocolo médico debería haber sido desde el inicio el aislamiento de los sintomáticos únicamente, más una fuerte implementación de los protocolos de salud en general, como lo hicimos solo hasta la etapa más grave de la pandemia, de esa forma se quedarían en su casa en aislamiento los que se fueran enfermando y así se podría salvar la economía de la gran depresión que ocasionó el paro nacional, y de los asintomáticos no habría tanto problema pues como no producen tos, ni estornudos, pues son asintomáticos, entonces carecen de un vector de contagio para trasmitir la enfermedad aun que la estén padeciendo sin presentar los síntomas, los cubre bocas y la higiene harían el resto del trabajo necesario para prevenir infecciones por contagio de asintomáticos, sin embargo la realidad fue una triste muestra de ineptitud e improvisación, la cual los sectarios del régimen aplauden ciegamente con la esperanza de ser los siguientes en el puesto.

CAPÍTULO XII
CONSIDERACIONES FINALES SOBRE ATAQUES

La experiencia que me ha dejado vivir la persecución política todos estos años es que uno tiene que cuidarse en todo momento de las diversas amenazas que están a la espera de atacar, y si pueden asestarán el golpe, si pueden te dañarán, no debe confundirse uno por ningún momento en este hecho, es solo una cuestión de que tan desesperados están sus enemigos por hacerle daño, si por ejemplo lo están tanto como para sacrificarse a ser incluso aprendidos en el acto, ó si esperarán a que un error suceda, a que un descuido sea cometido por parte de la víctima. Es por eso que yo aprendí a nunca bajar la guardia, a vivir en esa "nueva normalidad" que también aplica para esto, y aun que se siente gravemente en el estomago al principio, las gastritis nerviosa y esos malestares, uno después se acostumbra y obtiene lo que yo llamo la "mente del guerrero" y entonces usted puede estar en alerta todo el tiempo como una forma natural del ser, requiere de algo de esfuerzo pero no es imposible, y llegará a este momento si ó si, pues no tenemos otra opción más que seguir luchando, pero nunca lo dude, si son capaces de coordinarse para tenderle trampas en cualquier momento y en un instante, en un abrir y cerrar de ojos, para esto si destacan.

Ahora bien el sentir la presión de la persecución de un país entero no es cosa fácil, cuando yo lo hice tuve mis momentos de crisis y algunos berrinches, para mí fue muy difícil pues aparte estaba siendo mantenido en ostracismo, lo cual sigue siendo muy complicado, recuerdo la vez que casi lloraba mientras ponía la denuncia por la invasión a mi casa, pero después sucedió lo impensable, y realmente después de que interpuse mi denuncia las cosas empeoraron a una escala alarmante en vez de mejorar, me sentí traicionado por la autoridad, y es que no puede llamarse de otra forma, es una traición del gobierno a sus ciudadanos por esa ambición de poder que los ha enloquecido, entonces no tuve otra opción más que vivir a pesar de esto, de no salir de mi casa, de no ir a fiestas, ni cafés, ni bares, ni bibliotecas, ni museos, ni nada que no fuese estrictamente necesario para sobrevivir, me sentía como si estuviese escalando una gran montaña, y ya estaba en ese muro de roca, habiendo avanzado demasiado como para regresar, mientras que cualquier desliz significa caer al vacío, solo me resta avanzar y avanzar hasta lograr llegar a la cima, hasta poder superar este gran reto. Sin duda el origen de mi fortaleza esta en Jesucristo, durante toda esta etapa mantener la fe en Dios me ha ayudado a seguir adelante, durante estos años viviendo bajo ataques, a veces enfermo, confié siempre en Dios para poder llegar al día siguiente, aún cuando a veces pensaba que era mi final, al mantenerme en esa suplica, podía llegar al final de cada ataque, y esto me hizo darme cuenta de algo muy curioso sobre un tipo de ataques, y es que como tienen mi información, de cierto modo algunas veces han pretendido hacerse pasar por Dios, es decir, en el gobierno se creen que son como dioses, que tienen poder sobre la gente para aplastarlos si les da la gana, o de darles justicia si así lo desean, pero esto es una burla, pues aun que por estar en esos delirios de poder se piensen que son dioses y que pueden hacer y deshacer, realmente no lo son; esto se demuestra fácilmente cuando te topas a sus esbirros en la calle, vociferando cosas de mi vida privada con gran aire de soberbia, mirándome como si supieran incluso hasta lo que pienso, y entonces lo entiendo, la naturaleza de las huestes de la 4T está hecha de gente ignorante, porque si pudieran acceder a mis pensamientos realmente no harían lo que hacen, pero es evidente que no lo hacen, y es gente tan inculta que aun que les conceden esa facultad por medio del espionaje y de las grandes cantidades de recursos que este gobierno gasta en mantener vigilados a sus adversarios, aun así no pueden descifrar lo que pienso, pues no lo entienden, no entienden de filosofía, de política, de economía, de administración, está claro que piensan con el estomago y no con la cabeza, así es que esto me consuela, que solo son espejos y humo como en el mago de óz, una ilusión, que realmente son una manada de chacales que tarde o temprano recibirán justicia por sus actos. Inclusive el Emperador de Japón durante la segunda guerra mundial decía abiertamente ser divino; después de su derrota a manos de los Estados Unidos tuvo que renunciar a esa divinidad, después de Hiroshima y Nagasaki, entonces es un hecho innegable, se ha enfermado de poder este gobierno y me temo que el diagnostico es terminal, pues hasta se creen dioses, pero aun que sean ignorantes y soberbios, más mal hace uno al subestimarlos, pues son seres que si se los permites te asestarán el golpe final.

La historia de México está fundada en la rebelión, cada 16 de septiembre celebramos a los héroes que nos dieron patria y libertad de una opresión de gobernantes que no les importaba el bien de la comunidad más que el de sus propios intereses, pero como siempre está claro que el despotismo amenaza constantemente con regresar, por eso mismo eligieron los fundadores de este país tras incansables luchas que culminaron en la revolución mexicana, un sistema que pudiese establecer los fundamentos de una de nación justa para todos y para todas, así se configuró la constitución de 1917, la cual nos ha dado nuestros derechos como garantías fundamentales, y hoy es fácil ver como son violadas todas estas garantías sin ningún reparo, el protagonismo del ejecutivo hoy eclipso a la república, AMLO viola constantemente la independencia de los poderes y viola a mansalva los principios democráticos, y a nosotros los perseguidos políticos, se nos demoniza sin derecho a réplica, para este gobierno todos nosotros junto a los reporteros asesinados y las victimas de las negligencias médicas y la violencia, son solo sacrificios para un bien mayor, el único problema en esta lógica, es que en un partido sectario tan desquiciado como el de morena, lo que no nos dicen es que ese bien mayor es la dominación total de su partido sobre este país a cualquier precio. Nosotros somos la evidencia de que este gobierno está mal, pues rechaza sus orígenes revolucionarios y no admite las criticas, estas personas demagogas realmente están cometiendo traición a la patria. Y nosotros quienes criticamos sus errores a pesar de lo peligroso que se ha vuelto, tal vez aun no nos hemos vuelto parte de la familia de los héroes patrios, ¿cómo esperar algún día poder estar a su distinguida altura y gallardía? Sin embargo no por ello quiere decir que no estemos soportando esta lucha y la angustia de enfrentar a un gobierno déspota por causa de la libertad, y no por eso negarán la sangre de muchos compañeros que ya ha sido derramada.

Tal vez unos manifiesten desagrado por algunas de las ideas que he manifestado hoy en pleno uso de mi libertad de expresión, ó quizá piensen que algunos temas no deberían de ser contados porque podrían multiplicarse los casos de algunos ataques al difundirse ciertas nociones sobre estos, pero quiero decirle que esto no importa, realmente este tipo de información la desconocen más que nadie la personas decentes que viven su vida sin pretender dañar al prójimo, porque en mi experiencia este conocimiento lo saben muy bien los oscuros, las peores personas dominan a la perfección este tema de los ataques en toda su variedad y complejidad, es de ellos y de su soberbia de quien he aprendido todo esto, al simplemente observarlos como se burlan de la gente a quien atacan y como se atacan entre ellos, los ataques esotéricos por ejemplo son dominados por todo tipo de personas, desde vagabundos, enfermeras, compañeros de trabajo y una gran número de personas que les sorprendería saber, en realidad yo hablo de esto porque quiero visibilizar algunos de estos fenómenos, pues en realidad suponen un campo estudio que debería de ser explorado, pues estamos posiblemente ante unas nuevas modalidades de acoso y hostigamiento, por ello he tenido la pertinencia de decirlo correctamente, es un trabajo exploratorio del cual se puede partir a hacer ciencia, no hago ninguna declaración formal más que la que hago con algunos señalamientos que pueden resultar ser llevados a la investigación científica para su estudio, eso mismo haría yo si contara con los recursos suficientes, pues muchos de estos fenómenos se traducen en la pérdida de control sobre las organizaciones, pues tengo la impresión de que si se han vuelto tan populares, es porque funcionan, pues así someten a los demás, si por un motivo la gente no se atreve a ejercer sus derechos y viven amedrentados por miserables y sin vergüenzas sin decir realmente lo que piensan, es porque temen precisamente los efectos de estas modalidades de acoso y hostigamiento que son difíciles de detectar y que coaccionan a las personas hoy en día, se que algunos temas son poco convencionales, insisto, esta es la naturaleza de los trabajos de exploración, hacer los planteamientos necesarios para poder ir descartando con investigación científica lo falso de lo verdadero, pero los motivos ahí están, siguen siendo los mismos desde hace milenios, dinero y poder.

ACERCA DEL AUTOR

Hijo de Padre y Madre Mexicanos, nacido en la ciudad de Mexicali Baja California en 1985, creció en una familia de agricultores donde desarrollo interés por la mecánica y la política, estudio en la Universidad Autónoma de Baja California la carrera de Administración Pública y la Maestría en Administración Pública, así mismo obtuvo un título de Técnico en Electrónica por parte del Colegio de Estudios Científicos y Tecnológicos de Baja California, tubo 2 Hermanos, de sus platillos favoritos que disfruta ocasionalmente es la Pizza y la Birria, tiene un interés y profundo respeto por las maquinas de todo tipo, en especial por las maquinas complejas y en general el dominio de la técnica, interesado en la historia, la ciencia y la filosofía, es un hombre sencillo, su puesto más alto fue en el sector salud donde llegó a coordinar la parte financiera de todos los Centros de Salud del Estado de Baja California de 1er nivel o también conocidos como de medicina ambulatoria, pero con humildad ha trabajado una gran variedad de puestos diversos, tiene 2 perros que fueron rescatados de la calle que son muy buenos y su estado civil es soltero.